Maria von Treskow
Zu Gast in Portugal

Maria von Treskow

Zu Gast in Portugal

Eine kulinarische Reise im Garten Europas

Mit Fotos von Werner Richner

Weingarten

CIP-Titelaufnahme der Deutschen Bibliothek

Treskow, Maria von:
Zu Gast in Portugal: eine kulinarische Reise im Garten Europas / Maria von Treskow.
Mit Fotos von Werner Richner – Weingarten: Kunstverlag Weingarten, 1989
ISBN 3-8170-0012-X

Satz: Fotosatz F. Riedmayer GmbH, Weingarten
Reproduktionen: repro-team gmbh, Weingarten
Gesamtherstellung: Gerstmayer Offsetdruck, Ravensburg
Printed in Germany
ISBN 3-8170-0012-X

Inhalt

GARTEN EUROPAS

Jardim de Europa a beira-mar plantado
De loiros e acacias olorosas
De fontes e arroios serpendes
Rasgado por torrentes alterosas;
Onde num cerro erguido e requeimado
Se casan em festoes jasmins e rosas;
Balsa virente de eterna magia
Onde as aves gorgeiam noite e dia.

Garten Europas am Rande des Meeres,
Land
Mit Lorbeer und duftenden Mimosen
Mit Quellen und schlängelnden Bächen
Durchbrochen von stürmischem Tosen;
Wo sich am hohen schwärzlichen
Waldesrand
In Girlanden verweben Jasmin und Rosen;
Ewig bezaubert der immergrüne Hag
Wo die Vögel zwitschern bei Nacht und
bei Tag.

Tomás Ribeiro (1831 – 1901)

Marie-Louisa Posser de Andrade Viscondessa de Meirelles
in Erinnerung gewidmet

VORWORT

Sehen Sie dort das leuchtende Band des Tejo in der grünen Flur?
Legenden und Wunschbilder umweben diesen Fluß ... Gründete nicht Odysseus Lissabon und spricht nicht selbst das Wappen dieser Stadt von Raben, die das Schifflein mit dem Heiligen Vincentius sicher in den Hafen geleiten? Und jetzt liegt dieser Hafen vor uns ... Zur Bucht geweitet, strömt der Tejo nun breit und mächtig dem Meere zu – vor Jahrhunderten die große Völkerstraße in die geheimnisvolle abendländische Halbinsel – 1147 endlich zieht eine Kreuzfahrerflotte stromaufwärts und bald darauf kündet das portugiesische Banner über dem maurischen Kastell Lissabons den Sieg der Christen, der Portugal das Tor zur Welt schenkt...
Hier nämlich nehmen am 8. Juli 1497 die Karawellen des Vasco da Gama die Fahrt in unbekannte Fernen auf – und da wir schon einmal zurückblicken, so sehen wir auch die „Drei Schiff per Indiam" unserer oberdeutschen Vorfahren, die der Flotte des portugiesischen Vizekönigs für die Indische Besitzung, d'Almeida, beigegeben waren, schwer mit Pfeffer und Gewürzen beladen, nach Lissabon heimkehren.
Nun wird der Tejo die große Handelsstraße: Fremde Kauffahrteischiffe holen die exotischen Gewürze und den Madeirazucker, sie tragen das Holz für den Bau der portugiesischen Naus und Karawellen und den Weizen, den das kleine Land nicht mehr genügend anbauen kann, weil ihm der Zug in die große Welt den Bauern vom Acker nahm; aber Gold und Diamanten sind die reiche Ernte der kühnen Entdeckungsfahrten, und fortan versorgen die gewaltigen überseeischen Besitzungen auch die Küche des portugiesischen Heimatlandes mit Früchten und Gewürzen.
So sind wir denn in einem dem Meer und der Welt zugewandten Lande; über sieben Hügel hat sich die Stadt entfaltet und greift weit über den Fluß, den noch immer der steinerne Wachhund Francisco de Arruda's, der Turm von Belem, bewacht.
Aber mehr als die eigenartigen Bauwerke – und es gibt ihrer viele in diesem Lande – fesselt das Leben der Menschen, von denen sie erzählen; in stillen Brunnenhöfen raunt es von maurischen Prinzessinnen, ein stolzer Tempel zeugt von römischer Herrschaft, und mauerumgürtete Städtchen lassen die Zeiten heroischer Kämpfe vor uns erstehen. In alten Fischerdörfern lebt noch die Legende von der Wiederkehr des jungen Königs,

der von seinem Schloß über dem Meer in die „portugiesische Schlacht“ gezogen ist und nicht mehr zurückkam...

Wie reich an Überlieferungen ist dieses Schloß in Sintra! „Hier haftet noch das Leben, blieb ein spätes Echo zurück!“ (Rudolf Schneider) Und seltsam belebt diese romantische Atmosphäre unsere Vorstellung von den Westgoten, Mauren, Tempelherren und in weiter Ferne auch Griechen und Kelten, die einst hier weilten. War es wirklich nur die reizvolle Landschaft, die die Menschen zu allen Zeiten angezogen hat, war es nicht auch das fruchtbare Gartenland, das unter dem Einfluß von atlantischen, mediterranen, subtropischen und gemäßigten Elementen, so reiches Obst und Gemüse und so köstlichen Wein gedeihen ließ?

Wie aber, wenn von der in natürlicher Folge aus der Garten- und Agrikultur entstandenen Küchenkultur noch Spuren zu finden wären?

Dieser Gedanke war es, der zum Studium einer unbekannten Küche aufforderte. In den schönen alten Häusern meiner Freunde lernte ich viele Rezepte kennen, die zu mir sprachen – eine Anzahl davon finden die Leser auf den folgenden Seiten – und merkte mir, was uns ein belesener Freund von dem farbigen Hintergrund der *Culinaria Portuguesa* erzählt hat.

„Sie wissen, meine Freunde“, so erzählte er, „daß dieses Stückchen Erde, auf dem wir leben, nicht immer Portugal war. Iberer und Lusitanier waren hier. Wir hören von keltischen Siedlungen. Verlockt vom Silber und Eisen der Halbinsel kommen handelstüchtige Phönizier. Ihre Rivalen, die Griechen, bringen fast mehr, als sie nehmen, denn ihnen verdankt das Land die Weinrebe und den Ölbaum. Karthager siedelten an den Küsten, und dann ziehen römische Legionen siegreich über die Halbinsel. Rom weicht den Germanen, und sie wiederum erliegen arabischen, syrischen und Berberfürsten, die das Zeichen Mohammeds eint. Aus dem Zwielicht des Kampfes tritt die Gestalt eines Burgunderfürsten, der die Grafschaften Coimbra und Portucalia als Lehen erhält. Diese ‘terra portucalis’ wird später Portugal heißen...“

„Und diese wechselvolle Vergangenheit drückt sich sogar in der Küche aus?“ „Jede nationale Küche hat geschichtliche und traditionelle Hintergründe. Ich will Ihnen einen reizenden Vergleich aus der ‘Heiteren Geschichte Portugals’ (M. Pinheiro Chagas; Guimarães Editores) erzählen. Da fragt ein alter Lehrer, der seinen bäuerlichen Zuhörern die Geschichte unseres Landes erklärt: ‘Sagt mal, wenn ihr Salz und Fleisch ins Wasser gebt, was wird daraus? Ist das Fleisch, ist das Salz oder ist das Wasser?’ – ‘Weder das eine, noch das andere, Herr Lehrer. Das ist Fleischbrühe!’ –

‘Na, da habt ihr’s! Das Wasser, das waren die Lusitanier, die Römer waren das Salz und die Westgoten das Fleisch. Und das alles ergab etwas Neues, ein neues Volk! Diese Fleischbrühe, die sich später portugiesisch nennt, ist im Grunde lusitanisch, wie die Fleischbrühe Wasser ist. Rom gab das Salz, den Begriff und die Westgoten das Fleisch, nämlich die Kraft!’ –

So, wie der alte Lehrer die Volkskunde unseres Landes erkärt, so entstand und wandelte sich auch die Küche, und die verschiedenen Elemente, die zu ihr beigetragen haben, lassen sich noch nach Jahrhunderten verfolgen!“

Kelten

Keltische Stämme, von einer kriegerisch geprägten Jungmännerschaft geführt, ziehen weit über Europa, erreichen 450 v. Chr. die Iberische Halbinsel und gewinnen die Oberhand über die in unbekannten Zeiten eingewanderten Iberer. Aber in dem spärlich besiedelten Land ist noch genug Raum für beide Rassen, die im Lauf der Zeit zu den Keltiberern verschmelzen.
In einem fremden Land und in dichten Wäldern siedeln die Menschen gern auf den Höhen der Berge und Hügel – die Topographen bezeichnen diese Siedlungen auf dem Boden, der später einmal Portugal heißen wird, mit castros, castelos und – wenn sie größer sind – mit citânias und cividades und geben dieser rustikalen Zivilisation den Namen „castreja – Kultur". Sie dauerte fast tausend Jahre (8. Jhdt. v. Chr. – 2. Jhdt. n. Chr.) und noch heute finden wir ihre Ruinen.
Bei der Einwanderung in den Nordwesten der Iberischen Halbinsel treffen die keltischen Krieger eine vertraute Vegetation an, die ihnen – bis auf einige Vortrupps von immergrünen südlichen Pflanzen – aus ihren herzynischen Wäldern vertraut gewesen sein muß.
Um sie breitete sich nun ein Dickicht aus vorwiegend sommergrünen Holzgewächsen, die hier ihre äußerste Grenze gefunden hatten: Stieleichen, Haarbirken und die lieben Haseln – deren Nüsse bereits in frühgeschichtlicher Zeit so beliebt waren, daß man von einer Haselzeit sprach –, vermischt mit filzblättrigen Eichen, Kastanien, Erlen, Eschen, Pappeln und Ulmen. Bisweilen standen die alten Stämme so dicht, daß kein Sonnenstrahl auf das Unterholz von Heide, Ginster und Farnen fiel, dann wiederum schuf ein gefallener Riese einen Ausblick in duftige Fernen.
Wie konnten da die winzigen Äcker auf den kleinen Lichtungen genug Brot für die Menschen geben...? So war das Fleisch der Ziegen die wesentliche Nahrung. In Notzeiten buken sie ein Brot aus Eicheln. Strabo, der das berichtet, sagt nicht, ob es das Mehl von den Eicheln der Steineichen oder ob es Kastanienmehl war, das sie verwendeten. Als Fett diente die Butter von Ziegenmilch, denn der Olivenbaum hatte das lusitanische Land noch nicht erreicht.

„Am meisten fällt dieses Gemisch süd- und mitteleuropäischer Kulturgewächse in Nordportugal und Westgalicien auf, wo es den an und für sich höchst malerischen Tälern jener Gebirgsländer (der Provinzen Minho, Trás-os-Montes und Pontevedra) einen eigentümlichen Reiz verleiht, denn dort sieht man Kern- und Steinobstgehölze, Walnußbäume und Edelkastanien neben und zwischen Feigen-, Mandel-, Oliven- und Orangenbäumen, Weingärten und Maisfluren neben Roggen- und Kopfkleefeldern und grasreichen Wiesen. Überall gedeiht die Weinrebe, welche auch die Veranden der zahlreichen durch die Täler verstreuten Land- und Bauernhäuser überrankt!"
M. Willkomm: *Grundzüge der Pflanzenverbreitung auf der Iberischen Halbinsel.*
Die Vegetation der Erde, Bd. I Leipzig 1896

Francisco Lage, der ein Kenner der portugiesischen Vorzeit war, nahm an, daß die Kelten Blut und Wein gemischt aus großen Trinkhörnern getrunken haben. Noch heute kann man auf einigen Jahrmärkten im Norden Portugals einem Spaßmacher begegnen, der ein großes Horn der Rinderrasse von Barreiro am Schulterriemen trägt und von Zeit zu Zeit einen gehörigen Schluck daraus nimmt.
Die Kelten waren große Freunde des Wildschweinbratens am Spieß, doch sie hinterließen bereits eine gezähmte Schweinerasse, das höchst lebendige keltische oder gallische Schwein.
Dieses war hochbeinig, hatte eine lange Schnauze und große Ohren, die fast die Augen bedeckten. Es lieferte ein mageres, aber wohlschmeckendes Fleisch – schon Cäsar rühmte die gallischen Schinken –, das sicher den guten Ruf der späteren portugiesischen Würste begründet hat.
Heute dauert es seine Zeit, bis man sich durch die Hartwürste (os rejões), die Bauernwürste (os salpições), die Blutwürste (as morcelas de sangue) und die berühmten Knoblauchwürste von Bragança (as alheiras à transmontana) durchprobiert hat.
Gehen Sie nicht an Ihrem Glück vorbei, wenn Sie einmal in die Provinz Trás-os-montes kommen sollten. Dort „Jenseits der Berge“ gibt es eine sehr gute Geschmackskomposition, die sich „O presunto em boa companhia“ (Schinken in guter Gesellschaft) nennt. Und da zu einem guten Essen auch ein guter Tropfen gehört, so trinken wir den starken transmontanischen Wein, den „vinho dos mortos“, den „Wein der Toten“ dazu, den man so nennt, weil man die Flaschen vergräbt, um den Wein schneller altern zu lassen.
Ob die steinernen Wahrzeichen von Murça und Bragança in Gestalt eines wilden Ebers, die mit anderen Tierfiguren in den tiefen Wäldern von Trás-os-montes gefunden wurden, einen Gott in Tiergestalt oder ein Kultzeichen zum Schutz der Herden darstellen, ist nicht geklärt.
Aber der steinerne Krieger vom Hügel von Lesenho bei Montalègre, der jetzt vor uns steht und uns mit keltischem Hochmut ansieht, kann er uns etwas von seinem Leben erzählen?
Kaum, denn obwohl er modellhaft die keltische Männertracht vorführt, wie sie uns aus den Grabfunden der Westhallsteinzeit bekannt ist – den kurzen reichbestickten und gegürteten Rock, den Halsreif (toque), die beiden Oberarmringe und den kleinen runden Schild, den er vor der Brust hält und somit verbirgt, ob er einen Dolch im Gewande hat –, so verrät er doch nicht, ob wir es mit einem Hirten oder einem dieser leicht bewaffneten Krieger, die mit Wurfspieß, Schwert oder Schleuder „nach Art der Banditen“, also im Guerillakampf, so erfolgreich gegen die gut ausgerüsteten römischen Legionen gestanden haben, vor uns sehen...

Die Römer

Es gab eine Zeit, da war Rom das „Caput Mundi“, das „Haupt der Welt“. Auch auf der Iberischen Halbinsel schlug die Stunde des Imperium Romanum: Im letzten Jahrzehnt des dritten Jahrhunderts v. Chr. erschienen die ersten römischen Legionäre auf dem Plan und unterwarfen nach zwei Jahrhunderten hartnäckiger Kämpfe mit den Keltiberern das Land. Noch bestimmten unwegsames Gelände und dichte Wälder das Leben der Menschen, doch dann änderte sich das Bild der Landschaft: Die Sieger legten Straßen und Brücken an, die dem friedlichen Handel und Wandel ebenso dienten, wie dem raschen Schritt der Legionen und der Verbindung der alten und neugegründeten Städte. Sie schufen die „villae rusticae“, ländliche Herrensitze und zugleich Mittelpunkt einer geordneten Landwirtschaft, für deren Bearbeitung sie die Bewohner der alten Höhensiedlungen herabholten.

Die Römer waren vor allem an einer reichen Weizenproduktion in den Ebenen südlich des Tejo interessiert, doch legten sie neben den weiten Feldern mit „Triticum vulgare“ auch Felder für Hirse (Panicum miliaceum) und Gerste (Hordeum distichum) an; sie kultivierten Lein, Lupinen und Hülsenfrüchte, wie Saubohnen, Linsen und Kichererbsen für ihre Küche. In den Gärten zogen sie das vielfältige Gemüse und die zahlreichen Kräuter, die sie aus ihren italienischen Gärten kannten.

Kaum war das Land friedlich geworden, so holten sich die römischen Herren Landschaftsgärtner (topiarii) aus Italien, denn die Römer waren ja nicht nur dem Landbau zugetan, sie liebten auch die Hortikultur, zumal sie doch so herrliche Gärten, wie die des Jüngeren Plinius in Laurentum am Meer, in der Toscana, in Tusculum, in Tibur, am Comer See und am Abhang des Apenin vor Augen hatten. Diese Gärten waren jedoch nichts Außergewöhnliches in Italien. So ist es durchaus zu verstehen, daß die Römer auch fern der Heimat Gärten anlegen wollten.

Und welche Fülle von Bäumen, Büschen und Blumen stand ihnen auf der Iberischen Halbinsel zur Verfügung!

Aber darüberhinaus kommen auch noch prominente Einwanderer, wie der Ölbaum (Olea Europea), die Dattelpalme (Phoenix dactylofera), der Feigenbaum (Ficus carica), der Maulbeerbaum (Morus alba) mit den römischen „colonos“ ins Land. Diese hatten auch die Weinrebe aus Gallien mitgebracht, wenn sie nicht schon von den Phöniziern, die einen schwunghaften Handel mit den Völkern des östlichen Mittelmeeres trieben und Niederlassungen an der Iberischen Küste hatten, eingeführt worden waren.

Einheimische Fruchtbäume wie der dunkle Johannisbrotbaum, dessen Früchte die Römer grün verspeisten, der genügsame Kapernstrauch mit seinen kleinen Blütenknöspchen, den Kapern, der sommergrüne Hollunder, die immergrünen Pistazien (Pistacia lentiscus) und Pfirsichbäume (Prunus lusitanica), die wilden Mandeln und der auf der Halbinsel so weitverbreitete Erdbeerbaum – um nur einige zu nennen – trugen zum Schmuck der Gärten bei und wild oder schon von den geschickten römischen Gärtnern veredelt, auch zu der – wie wir sehen werden – manchmal recht komplizierten Küche der römischen Noblen.

Vom Erdbeerbaum mit seinen gelben und roten erdbeerartigen Früchten ist noch zu vermelden, daß er heute nicht mehr beliebt ist. Niemand goutiert seine Früchte, denn entsprechend seinem lateinischen Namen: –Arbutus unedo – „Esse ich nur Eine!"
Eine Bereicherung des botanischen Erbes, die sich bei wachsendem Reichtum der Völker einzustellen pflegt, läßt sich auch am Ende der Römerzeit auf der Iberischen Halbinsel feststellen.
Kirschlorbeer, Flieder und der Granatbaum wurden jetzt aus Griechenland und Kleinasien bezogen, aus dem fernen Kaukasus kamen seltene Rhododendron und aus Italien holte man sich die schönen Rosen: Rosa alba, Rosa gallica und Rosa centifolia. Das hatte seinen Grund! Die Römer liebten nicht nur den Duft der Rosen, sie schätzten auch den Geschmack der zarten Blütenblätter!

Rosenpastete

Der berühmte portugiesische Schriftsteller Eça de Queiroz, ein Gourmet, verrät uns das Rezept einer aparten Rosenpastete, die bei den römischen Venusfesten gegessen wurde.
„Hierzu steig' in den Garten hinab und pflück' die größten und duftendsten Rosen. Zerdrück' sie in einem Sieb. Füg' Stückchen sehr gut gekochten Huhnes, von der Taube und vom Rebhuhn hinzu, die Du vorher von den kleinsten Fasern befreit hast. Rühr' noch zwei Eigelb und einen Schuß alten Malvasier (einen Süßwein, ursprünglich vom Peloponnes) hinzu.
Hast Du alles zu einer leichten und feinen Masse gerührt, so gib es in eine neue Kasserolle aus Ton und stell' sie auf eine kleine und stetige Flamme. Sobald sich die Oberfläche bräunt, reiche die Speise!"
„Ich weiß", so versichert dieser große Feinschmecker weiter, „daß Marcial oder Aulius Gallius einen Fisch, einen Kuchen oder einen Pudding und eine Karaffe Wein für ein gutes Abendessen für eilige und genügsame Leute gehalten haben... Ich weiß auch, wie man in Athen und Rom, zu Zeiten des Augustus dieses Abendessen bereitete. Der Fisch zum Beispiel könnte eine Quappe sein.
Und hier folgt die Zubereitung, Ihr Lernbegierigen!
Ergreift die Quappe, schuppt sie und nehmt sie aus. Bereitet aus Käse – heute darf es Parmesan sein –, Olivenöl, Eigelb, Petersilie und duftenden Kräutern einen gut geschlagenen Teig und füllt damit die Quappe. Beträufelt sie mit Olivenöl und betupft sie mit Salz.
Alsdann bratet sie mit Olivenöl auf starker Flamme. Sobald sie gut gebraten und gebräunt ist, besprenkelt sie mit extra feinem Essig. Serviert sie und lobt Neptun, den Gott der Fische."
Angelica (Angelica Archangelica), ein Doldengewächs, ähnlich wie Liebstöckl (Levisticum officinale), zwei Würzstoffe, sollen die Römer über den Verlust des von ihnen hochgeschätzten silphium, ebenfalls ein Würzstoff, den sie aus der Kyrenaaika

bezogen, getröstet haben, als dieser plötzlich vom Markt verschwand und nicht mehr gesehen ward.
Garum, eine Art Extrakt aus den Eingeweiden von Makrelen, die in der Sonne mazeriert wurden und deren Herstellung auf die Griechen zurückgeht, war bei den Römern außerordentlich beliebt. So dauerte es auch nicht lange, bis sich eine Genossenschaft von führenden Herstellern dieser Lieblingssauce an der Iberischen Küste niederließ und die Verbraucher mit Garum in großen signierten Tonkrügen belieferte.
Wie aus einem Kochbuch des Apicius hervorgeht, übertrieben die Römer das Würzen der Speisen nicht nur mit importierten Gewürzen, sie verwendeten auch zahlreiche auf der iberischen Halbinsel einheimische Küchenkräuter. Es waren vornehmlich Dill, Minze, Thymian, Bohnenkraut, Kreuzkümmel, Wilder Majoran und Weinraute. Rauke wurde – Plinius zufolge – oft mit Lattich zu einem Salat gemischt, den man mit Essig und Senfsaat bereitete. Mohnsamen, Sesam, Lorbeerblatt, Anis und Fenchel wurden zum Würzen von Kuchen und Brot verwendet; Petersilie, von der verschiedene Sorten kultiviert wurden, wurde viel gebraucht. (Patricia und Don Brothwell: *Manna und Hirse,* Verlag Philip von Zabern).
„Vielleicht", so resümierte unser Freund Pedro, „haben wir Portugiesen auch die Vorliebe für den Knoblauch von den Römern übernommen, die ihn vor der Schlacht zu essen pflegten, um sich für den Kampf zu stärken... Oder sollte uns schon der listenreiche Odysseus – dessen Geist ja noch immer über Lissabon schwebt – die segensreiche Kraft des Knoblauchs vermittelt haben, da sie ihn – der Sage nach – vom Liebeszauber der Kirke befreite?"
Doch genug von dem Feinen, wenden wir uns einer deftigeren Kost zu, würdig eines römischen „colono". Und da ist es wiederum Francisco Lage, der Bescheid weiß. Er hat festgestellt, daß ein wohlbekanntes Gericht aus dem berühmten Kochbuch des Marcus Gavius Apicius *De Re Culinaria,* das sich „Gefüllter Schweinemagen (Bucho de porco recheado) nennt, noch heute in verschiedenen Regionen Portugals fast genau wie zur Römerzeit zubereitet wird. Er hat das Rezept aus dem Lateinischen übertragen:

Gefüllter Schweinemagen

Reinige einen Schweinemagen und wasche ihn gut mit Essig und Salz, dann spüle ihn mit frischem Wasser und fülle ihn nach folgender Anweisung:
Hacke Schweinefleisch und das Hirn eines Schweins, das gut von Häuten und Fett befreit sein muß, und mische es mit einigen rohen Eiern und Pfefferkörnern. Füge Pinienkerne hinzu und arbeite die Masse mit einer Sauce von garum der besten Qualität und ein wenig Olivenöl durch. Würze das Ganze mit gut gemahlenen Pfefferkörnern, Angelica (Engelwurz) aus Ligurien, Anis und Ingwer. Zuletzt gib noch eine Spur Raute dazu (wahrscheinlich handelt es sich um Weinraute).
Fülle den Magen nicht zu voll, damit er nicht platzt, wenn er auf's Feuer kommt. Schließe die Öffnung mit Nadel und Faden. Fülle den Topf mit Wasser und lasse es zum Kochen

Bucho de porco recheado

1 Schweinemagen, 1 Stück Schweinefleisch, 1 Hirn eines Schweins, einige rohe Eier, Pfefferkörner, Pinienkerne, Garum, Olivenöl, gemahlener Pfeffer, Angelica (Engelwurz), Anis, Ingwer, Raute, Essig und Salz zum Waschen

kommen. Lege den Magen hinein bis er halb gekocht ist, aber durchstich ihn mehrere Male mit einer Nadel.
Nimm ihn heraus, trockne ihn ab und hänge ihn einige Tage in den Rauch, bis er Farbe annimmt.
Nun lege ihn in eine Mischung von reinem Wein und Olivenöl und lasse ihn garkochen.
Nimm den Magen aus dem Wein, laß ihn abtropfen, lege ihn auf eine Schüssel und schneide ihn mit einem Messer an.
Bestreue ihn dann mit gepulverter Angelica (Engelwurz) und begieße ihn mit garum.

Gefüllter Schweinemagen (wie man ihn in Estremadura bereitet)

Reinige, wasche und trockne einen Schweinemagen, drehe ihn um, damit die innere Seite nach außen kommt.
Nimm ein Stück vom Schweinerücken und brate es im Ofen.
Hacke einen Teil „chouriço" ohne Pelle, etwas rohen fetten und mageren Schinken und knochenloses Hühnerfleisch. Würze es mit gemahlenem Pfeffer, Gewürznelken, geriebener Muskatnuß, sowie je einer Messerspitze Petersilie, Lorbeerblatt und Knoblauch.
Schmore diese Mischung in einer Kasserolle und lasse sie einen schönen Ton annehmen.
Wenn der Schweinebraten gut gebraten ist, nimm ihn heraus und hacke ihn ebenfalls klein.
Nun gib das Fleisch in die Kasserolle, halte es auf kleinem Feuer, füge weiche Brotkrumen und 3 – 4 Eier zu und schmecke mit Salz und Zitronensaft ab. Fülle den Magen mit der Fleischmischung und schließe die Öffnung mit Nadel und Faden.
Lege den Magen, der rundherum mit Schmalz eingerieben sein muß, in eine große Pfanne aus Ton und schiebe sie in den Ofen. Von Zeit zu Zeit wende den Magen um und durchstich ihn mit einer Gabel, damit er nicht platzt. Sobald der Magen gar ist und eine schöne Farbe angenommen hat, nimm ihn aus dem Ofen und richte ihn, in Scheiben geschnitten, an.

Bucho de porco recheado (região de Estremadura)

1 Schweinemagen, 1 Stück vom Schweinerücken, Chouriço, Roher fetter und magerer Schinken, Hühnerfleisch, 3 – 4 geschlagene Eier, Brotkrumen, Schmalz zum Braten, Pfeffer, Nelken, Muskatnuß, Petersilie, Lorbeerblatt, Knoblauch, Zitrone

Germanisches Zwischenspiel

Kein Wunder, daß dieser offen dargestellte Luxus der Römer die bereits sporadisch eindringenden Vorläufer der großen Völkerwanderung anlockte. Im 5. Jahrhundert erlaubte ein kaiserlich römisches Dekret die Anlage von Wachtürmen zum Schutze reicher Besitzungen auf der Halbinsel, doch das konnte die nahende Gefahr nicht mehr bannen. Als die Römer vor den Germaneneinfällen zurückwichen, verschwand auch die römische Gartenpracht von der Halbinsel.

Wie sagte Tacitus? „Die Germanen kennen keine Gärten!"

Alanen und Vandalen waren bereits auf die Halbinsel eingedrungen, ihnen hatten sich die Sueben angeschlossen, die sich nach einer Übereinkunft mit den Römern in einem Teil der römischen Provinz Gallaecia ansiedeln sollten, aber von den nachdrängenden Westgoten daran gehindert wurden. Sie konnten sich daher nur auf einem Territorium in Gallicien und dem Küstengebiet von Lusitanien, nördlich des Tejo, niederlassen. Aus landschaftlichen Gegebenheiten kann man Lage und Grenzen des Suebenreichs nicht erklären, doch es trifft sich seltsam, daß auf diesem suebischen Gebiet in späterer Zeit das portugiesische Königreich entstehen sollte. Über anderthalb Jahrhunderte haben die Sueben in ihrem kleinen Königreich einen blühenden Ackerbau getrieben, vielleicht hatten sie den Roggen mitgebracht. Was die Landschaft Suebiens charakterisierte, das waren die minifundios, die vielen kleinen bäuerlichen Höfe, die sich bis in unsere Tage erhalten haben.

Im Jahre 456 brachten vereinigte Westgoten und Römer dem Suebenreich eine schwere Niederlage bei und vernichteten es ein wenig später.

Die siegreichen Westgoten, die mit Kind und Kegel ins Land gekommen waren, behinderten keineswegs die unter den Römern begonnene wirtschaftliche Evolution, ja, sie stellten wenig später die Rechtsgleichheit mit den Besiegten her, eine Maßnahme, die zur leichteren Verschmelzung der Völker beitrug. Zu dieser Zeit löste der Glaubenseifer von drei heiligen Mönchen die heidnischen Götter ab, und unter der Ägide des Heiligen Leander, des Heiligen Isidor und des Heiligen Frutuoso entstand ein abendländisches Mönchswesen, das das Land mit zahllosen Klöstern und Abteien überzog, deren Spuren noch heute zu uns sprechen. Diesen ersten Klöstern, wie Lorvão und Vacariça, die schon im 6. Jahrhundert in Lusitanien entstanden waren und später zum Beispiel Tibães in der Nähe von Braga, ist es zu verdanken, daß nicht noch mehr Pflanzen aus der fruchtbaren luso-romanischen Zeit verschwunden sind und manche kostbare Blume, die ein römischer „topiari" auf der Iberischen Halbinsel gepflanzt hatte, in einem stillen Klostergarten überlebte.

Wie eine Legende ist das Suebenreich verklungen und nur die Kirche des Heiligen Frutuoso in der Umgebung von Braga weist noch auf die Germanenzeit hin.

Aber da klingt noch ein Ortsname aus ihrem Sprachschatz an unser Ohr: das Städtchen Martinganso, das an einen bescheidenen Trabanten unserer Küche erinnert, der auf den Wiesen des Ribatejo graste und jedes Jahr am 11. November, dem Tag des Heiligen Martin, als gut gebratene Gans auf den Tisch kommt.

Maurische Zeit

Doch bereits im Jahre 756 kommen neue ungebetene Gäste. Die Neuangekommenen, Araber, Berber – von den Bewohnern der christlichen Länder Mauren genannt – und Syrier, unter denen die Araber die führenden Köpfe sind, finden im mittleren und südlichen Portugal die unzerstörte Landwirtschaft der Römer vor. Sie läßt sich leicht mit Hilfe der vorzüglichen Bewässerungstechnik der Araber noch verbessern.
Schon bald entsteht im Algarve der sagenhafte *Garten Allahs,* den uns die reizende Geschichte von einer fränkischen Prinzessin vor Augen führt: Die Prinzessin, Gattin des Fürsten von Sines, sehnte sich so sehr nach dem Schnee ihrer Heimat, daß der liebenswürdige Gatte, sie zu trösten, tausende von kultivierten Mandelbäumchen anpflanzen ließ, auf daß ihr Blick hinfort auf ein schneeweißes Blütenmeer fallen sollte... Ob dieser Anblick die „saudade" der traurigen Frau gestillt hat, sagt die Geschichte nicht...
Doch von nun an blühen in den von niedrigen Mäuerchen geschützten Gärten in Nieder-Algarve, noch ehe die ersten grünen Blättchen erscheinen, zahllose Mandelbäume zwischen den alten knorrigen Feigenbäumen, und weiter nördlich am Meer leuchten aus dem satten Grün der terrassierten Gärten von Sintra gelbe Zitronen und orangenfarbene Pomeranzen, die mit den geschickten berberischen Landbauern auf die Iberische Halbinsel gekommen sind. Auch der Reis gedeiht hier früher als in anderen europäischen Ländern im Tale des Sado, und im Süden des Landes wird nun das Zuckerrohr kultiviert, das von Indien kommend, um 650 in China, um die Jahrtausendwende in Persien und im südlichen Teil der Halbinsel erscheint. Der raffinierte Zucker findet bei den Europäern, die ihre süßen Speisen bisher mit Honig oder kleinen teuren Zuckerimporten aus dem Orient süßen mußten, eine vorzügliche Aufnahme. Hatten die Römer die Landwirtschaft im Süden der Halbinsel mit den Mannigfaltigkeiten der Mittelmeerländer bereichert, so erhalten sie nun durch die von den Arabern aus Asien und Nordafrika eingeführten Kulturgewächse einen noch mediterraneren Ton.
Im mittleren Teil der Halbinsel entwickelt sich in der Nähe der Städte eine *terra saloia.* Ihre grünenden Felder und die sich klar abzeichnenden Linien der Gärten greifen weit in das Land hinein. Da sind die berieselten, sorgsam in Quer- und Längsbeete geteilten Kulturen, darüber ragen vereinzelte Aprikosen- und Schwarze Maulbeerbäume, denen die Kunst der maurischen Gärtner ein neues Habitat gegeben hat, eine Landschaft, in der auch nicht das kleinste Stückchen Erde brach liegt und die Kulturen sich ohne Unterlaß folgen.
Im tiefen Süden des Landes wiederholen sich die gepflegten Gärten. Hier liegen die Städte weit auseinander. Setubal, Elvas, Beja, Faro und Silves, das alte Xelb, sind mit herrlichen Obst- und Gemüsegärten umgeben. Elvas ist für seine blauen Pflaumen, Evora für die schwarzen Feigen mit dem gelben Fleisch, das süß, wie Honig ist, berühmt. In Sintra werden die Äpfel und die „uvas moiriscas" bewundert. Weintrauben? Verbietet der Koran nicht den Weingenuß? – Gewiß! Doch die

berberischen Ackerbauern, die 1091 mit der Almoraviden-Dynastie ins Land gekommen sind, haben sich ja erst vor kurzer Zeit zum Islam bekehrt. Seelenruhig führen sie den von den Römern gepflegten Weinbau weiter, zumal sie in den vielen Moçarabern (arabisierten Christen), die in den Städten dem Handel und dem Gewerbe nachgehen, gute Kunden haben. Und schließlich kann man ja aus Weinbeeren auch Sirup, Rosinen und Traubenhonig bereiten...

Es gibt nicht viele Landschaften in der Welt, die mit ihren Erzeugnissen so auf die Küche einwirken, wie die *terra saloia)* Portugals, die sich unter der Herrschaft der Araber entwickelt hat und noch besteht... Aber nicht nur das: „Von den Arabern", so sagte der portugiesische Schriftsteller Fialho de Almeida, „übernahmen wir die Kasserolle und die Kunst in Fett zu braten und zu schmoren."

Es sind vornehmlich drei Gerichte in der portugiesischen Küche – die „sopa de forno", eine Zusammenstellung aus Fleischbrühe und Brot, „Cabidela", Geflügelklein in dunkler Sauce und das Eingangsgericht zum großen Schlachtfest in der Minhogegend, die „papas de sarrabulho" –, die auf die maurische Herkunft deuten. Das letzte Gericht ist eine Art Schwarzsauer, allerdings mehr durch seine Zusammenstellung als durch die Zutaten, die sich im Lauf der Zeit der Umwelt angepaßt haben.

Jahre der Reconquista

Langsam, sehr langsam im Gegensatz zu der schnellen Eroberung der Iberischen Halbinsel durch die Araber, nimmt die von „einer Handvoll von Goten", die sich in die kantabrischen Berge geflüchtet hatten, ausgehende Reconquista ihren Verlauf.

Aber kaum hat der Papst im Jahre 1081 die Befreiung der Iberischen Halbinsel von der moslemischen Herrschaft als Heiligen Krieg erklärt, da ziehen, von ihren kämpferischen Grafen angeführt, burgundische Ritter auf die Halbinsel, um sich am Kampf gegen die Mauren zu beteiligen. Mit ihnen kommt und kämpft Graf Henri de Bourgogne, der seine militärische Allianz durch die Heirat mit Tereza, der Tochter Kaiser D. Alfons VI. von Léon verstärkt. Diese Heirat wird Geschichte machen!

Aus ihr geht im Laufe der Zeit die Unabhängigkeit Portugals hervor, denn die Länder südlich des Minho-Flusses, die Grafschaft Portucale und die Grafschaft Coimbra, die der Fluß gegen Galicien abgrenzt, gehören zu Terezas Mitgift.

Folgt man alten Dokumenten, so hat Graf Henri in seinem Teil von Galicien schon früh ein Streben nach Unabhängigkeit erkannt und unterstützt, doch erst in seinem Sohn erfüllt sich sein Begehren: D. Afonso Henriques wird König von Portugal.

Machen wir uns einen Begriff von diesem Reich: Leiten wir einfach nach alter Tradition den Namen Portugal von der Grafschaft Portucale ab und fassen wir Portucale (vom Minho- bis zum Vouga-Fluß) und Coimbra (vom Vouga- bis zum Mondego-Fluß) sowie die Territorien von Braga und Viseu zusammen, so ist das wohl das Gebiet, aus dem sich der Staat Portugal entwickeln sollte. Ein kühner Bogen, vom Lima und Minho bestimmt, schließt das Land im Norden ab, und im Süden ist der Mondego die Grenze.

Dieses Land ist seit 4000 Jahren von Menschen bewohnt, und in diese Heimat kehren die Menschen, die sich während der Kämpfe der Reconquista in die Bergwälder geflüchtet haben, wo sie von Kastanien und süßen Eicheln lebten, unmittelbar nach der Beendung der Gefechte zurück. Sie siedelten wieder im Schatten der alten Burgen und um die kleinen romanischen Kirchen, die „so vollendet mit ihrer Umgebung und den weltlichen Gebäuden in der lieblichen Minholandschaft harmonieren." (Joachim de Vasconcellos) Aber noch ist der Frieden fern. Zunächst müssen die fanatischen Almohaden aus Afrika, die im südlichen Portugal einzufallen drohen, besiegt werden, was dem König gelingt, indem er den eigenen Kampf gegen die Ungläubigen mit einem Kreuzzug verknüpft.
Deutsche, flämische und englische Ritter helfen ihm bei der Eroberung Lissabons, und mancher kühne Mitstreiter im Morgengrauen der portugiesischen Geschichte, der den guten Wein des Landes trank, bleibt auch späterhin in Portugal. Ihr Dasein wird – um noch einmal mit den Worten des alten Lehrers in der 'Heiteren Geschichte Portugals' zu sprechen, „zum Sträußchen Suppengrün in der guten portugiesischen Suppe."
Im südlichen Teil Portugals, in dem 1150 endgültig eroberten Algarve, ließen die Sieger die kleinen mit Gemüse und Melonen bestellten Anwesen mit der „algarvischen Dreiheit" aus Johannisbrot-, Feigen- und Mandelbäumen ruhig weiter bestehen. Noch grünte es auch um Silves...,
Doch nur wenige Meilen weiter in der niederportugiesischen Provinz Alentejo (-jenseits des Tejo) sah das Bild anders aus, als im Algarve oder im nördlichen Portugal. Alexander Herculanum beschreibt es:
„Hier und da steht eine vereinzelte Eiche; eine maurische Straße erkennt man an einem Stein, der sich durch seine Farbe von den andern abhebt; man hört einen Gießbach, der sich den Abhang herabstürzt; ein Fluß schlängelt sich unter dichtem Gebüsch dahin; von einem ehemaligen Flecken weiß niemand mehr den Namen, weil niemand mehr da ist, der ihn kannte; nirgends sieht man ein Gehöft, eine menschliche Behausung; es ist fast so, als vernehme man jenes leise Summen, das die übergroße Stille hervorruft und ein Gefühl unendlicher Einsamkeit erfüllt uns."

Jahre danach

„Liebe Freunde, wenn wir unseren Gang durch die Geschichte nun durch eine kleine Fahrt aus dem wintergrauen Lissabon zu den blühenden Mandelbäumen im Algarve unterbrechen, so kommen wir nach wenigen Kilometern in die große Landschaft, die sich von der Westküste zu den spanischen Montes de Toledo, dem Guadianabecken und der Sierra Morena hinzieht. Wer heute durch diese weiten wohlbestellten Felder fährt, die nun vor uns liegen, der kann sich kaum eine Vorstellung machen, wie das Land nach der Reconquista ausgesehen hat, als es die christlichen Herrscher an die Ordensritter, den Adel und die Kirche verteilt oder zum Kronland erklärt hatten.
An den Wiederaufbau dieser zerstörten Landschaft war vorerst nicht zu denken, denn es fehlte, wie schon unter der Araberherrschaft, an Arbeitskräften in dem dünn besiedelten Lande.
Zwar legten die christlichen Monarchen neue Städte an, die sie mit einem reichen Allmendland versorgten, doch den kleinen, im Umkreis der Schutzburgen entstandenen Siedlungen von Tagelöhnern, Landarbeitern und Handwerkern teilten sie kein Land zu, das die Leute an die Scholle gefesselt hätte. Kein Wunder, daß der Handel und die Schiffahrt mehr anzogen, als die mühselige Landarbeit!
Unmittelbar an die weit auseinander liegenden Städte grenzten nun die Großgrundbesitze (herdades) und die riesigen Jagdgebiete (coutadas) des Königs und des Adels, die hier der Jagd auf Wildschweine, Damwild, Rehe, Hasen, Wölfe – und bis zum 16. Jahrhundert sogar auf Bären – wie auch der Falkenjagd oblagen. Zwar gab es auch einige gute Böden, die von den weit auseinander liegenden Gutshöfen (montes) aus bewirtschaftet wurden – Sie sehen die weiß gekalkten Häuser dort in der Ferne – doch auf den endlosen, nicht sehr hohen, manchmal gewellten Ebenen im Süden des Tejo und im Südosten der Beira dominierten lichte, immergrüne Korkeichen, untermischt mit Steineichen, die an die Stelle von Naturwäldern getreten waren. Aus diesen lichten Fruchthainen (montados) wurden durch menschliche und tierische Einflüsse oftmals Macchien (franz. Maquis) in denen zwischen immergrünen Büschen Lavendel und Zistrosen dominieren und es im heißen Sonnenschein betäubend nach Rosmarin, Seidelbast, Myrthe und Wildem Ginster duftet.
Aber auch Macchien sind sterblich und verkümmern zu dürftigen Garriguen, doch selbst auf diesem kargen Boden sprossen nach dem ersten herbstlichen Regen noch tausende von kleinen Zwiebel- und Knollengewächsen, einjährige Gräser und aromatische Kräuter, die eine gute Bienen- und Schafweide abgeben.
So zogen denn – nachdem sich die gutseigenen Schweine an den Eicheln (bolatas) der Stein- und Korkeichen gemästet hatten – riesige Merino-Schafherden (die den in der MESTA zusammengeschlossenen spanischen Schafzüchtern gehörten) über lange Wanderwege – die canadas – in das Alentejo.
Dieser Weidebetrieb über große Entfernungen, den die niedergetrampelten Wanderwege in der Landschaft kennzeichneten, bedeuteten zwar große Schäden für die kleinen, an die Wanderwege angrenzenden Landwirtschaften, aber einen starken

finanziellen Ausgleich für die unzulängliche Landwirtschaft der großen Betriebe. Auch die portugiesische Wirtschaft profitierte davon, so daß sich im 16. Jahrhundert selbst die Krone für den transhumanten Weidebetrieb einsetzte.
Heute gibt es kaum noch eine Weidewirtschaft in dieser Form und die Schäden, die eine Wanderung von einigen tausend Tieren mit sich bringt, werden durch kleine Mäuerchen zu beiden Seiten der canadas weitgehend vermieden.
Doch noch immer ist das Schaf ein begehrter Woll- und Fleischlieferant, und einige gute portugiesische Käse, wie der von Aceitão, der Castel-Branco, der Serpa und der Serrakäse werden aus Schafmilch bereitet.
Über die beiden Hauptmahlzeiten des Mittelalters, das *jantar* zwischen zehn und elf Uhr und die *ceia* zwischen sechs und sieben Uhr, weiß man nicht viel. Bevor Portugal den Indien-Handel in die Hand nahm, krankte die portugiesische Ernährung an zu viel Fettigkeiten. Die maurischen Gewürze wie Safran und Roter Pfeffer wurden, wie es scheint, wenig gebraucht. Man würzte mit Sahne, Milch, Fetten aus Flandern, Roggen- und Weizenbrot oder Brot aus Mais und den Geschenken des Obst- und Gemüsegartens beim Haus."
„Der neue Kurs, den der Welthandel mit Beginn der Entdeckungsreisen genommen hatte." so erzählte Pedro weiter, „machte aus Lissabon, der kleinen Residenzstadt unserer Könige, einen großen Stapelplatz für die Gewürze aus dem Orient. Zu all den üppigen, mit Butter, Fett, Speck und Knochenmark zubereiteten Gerichten – Olivenöl kam erst auf – traten nun wohltätig Pfeffer, Curry, Ingwer, Zimt, Nelken, Muskatnuß und Jamaikapfeffer, eine wahre Invasion von pikanten und aufreizenden Gewürzen. ‚Wer sie zuerst nicht mochte gebrauchte sie, weil es die große Mode war, und später konnte er sie nicht mehr entbehren!' (Gustavo de Matos Sequeira)
„Wie wollen Sie das wissen?
Das berühmte Kochbuch des Domingos Rodrigues ‚Arte de Cozinhar' ist doch erst nach 1680 erschienen!"
„Glücklicherweise hat sich ein kleiner Küchentraktat in portugiesischer Sprache in der Nationalbibliothek in Neapel erhalten, dessen vollständige Ausgabe aber erst 1969 von der Universität Coimbra veröffentlicht worden ist. Es handelt sich um ein kleines handgeschriebenes Kochbuch der Infantin Maria von Portugal, der Tochter des Infanten D. Duarte und Enkelin des Königs D. Manuel, des Glücklichen. Sie hatte es auf ihrer Reise zur Hochzeit mit Alexander Farnese, Herzog von Parma, im Jahre 1565 in Brüssel mitgenommen. Die Prinzessin, die erstaunlich gut unterrichtet war, selbst in Philosophie und Alten Sprachen, gibt hier einen guten Überblick über die Küchen ihrer Zeit.
Aus ihren Rezepten von Speisen, die um die Wende vom 15. und 16. Jahrhundert auf portugiesischen Herden gekocht wurden, läßt sich ersehen, daß man wenig Fisch-, aber viel Fleisch- und Eierspeisen und zahllose Süßigkeiten aß. Kein Wunder, hatte doch der Infante D. Henriques, der Seefahrer, gleich nach der Entdeckung Madeiras, auserlesene Weinstöcke und Zuckerrohr von Sizilien auf der Insel anpflanzen lassen, die üppig gediehen. So taucht unter den Rezepten bereits das beliebte ‚manjar branco' auf, das

heute zu den Spezialitäten Coimbras gehört. Man sagt zwar, daß die besten Süßigkeiten aus Italien kommen, aber mir scheint, daß unsere Zuckerküche den Vergleich durchaus bestehen kann.
Vielleicht haben die Rezepte der Prinzessin sogar ein bißchen zur Vollendung der italienischen Süßigkeiten beigetragen!

Manjar branco

1 Huhn, 2 l Milch, 500 g Reismehl, 750 g Zucker, Orangenblütenwasser, Salz

Weiße Speise

Statt das Rezept der Prinzessin wörtlich wiederzugeben, bringen wir das gleiche Rezept mit den gleichen Zutaten aus einem späteren Kochbuch.
Aus der Brust eines großen Huhns die beiden Seiten schneiden, säubern, in salzlosem Wasser leicht ankochen. Das Fleisch durch die Maschine und danach durch ein feines Sieb geben.
Zwei Liter Milch kochen, vom Feuer nehmen, 500 g feinstes Reismehl mit einem Holzlöffel einrühren, den Topf zurück aufs Feuer stellen und unter fortwährendem Rühren noch 750 g feinen weißen Zucker zugeben.
Jetzt das Fleisch in die Masse geben und weiterrühren bis sich die Speise genügend verdickt hat, was etwa 20 bis 30 Minuten dauert. Bevor die Speise in kleine Schüsselchen abgefüllt wird, mit etwas Salz und einem Suppenlöffel Orangenblütenwasser abschmecken.

Pedro erzählt von den drei großen Küchen

Sintra

„Mit Lissabon, der stolzen Prinzessin am Tejo, fällt auch die letzte Maurenburg auf Sintras Höhen. In der lieblichen Landschaft zu ihren Füßen erbauen sich unsere Könige auf maurischen Fundamenten eine prächtige Sommerresidenz. Ihr Wahrzeichen, die beiden zuckerhutähnlichen Türme, rufen stets die Neugier der Fremden wach. Was mögen sie bedeuten? Das Rätsel löst sich, wenn man Herz und Mitte des Schlosses, die Küche, betritt: Himmelhoch wölben sich hier zwei ungeheure Trichter, und von hoch oben schaut ein Stückchen Firmament auf die riesigen Töpfe und Pfannen herab. Ähnliche große Rauchfänge finden sich auch auf dem Palast von Vila Viçosa und dem Kloster Alcobaça. Ihr Vorbild steht in Burgund, und von dort tritt ja auch der Gründer unserer ersten Dynastie auf den Plan.
Aber erst die zweite Dynastie, die das Sintraschloß ausbaut und zur Lieblingsresidenz erwählt, bringt es unserm Herzen näher, denn wo gibt es ein Schloß, das an ein so außerordentliches Geschlecht erinnert, unter dem Portugal die Meere beherrscht und Europa den Weg zu den Ländern jenseits des Atlantiks weist?
In diesem Märchenschloß von Sintra mit seinen von maurischen und mozarabischen Handwerkern gestalteten Hallen und labyrinthischen Gängen, die hier auf einen stillen Terrassengarten mit leise murmelnden Brunnen enden und dort zu der auf dem leuchtenden Fundament einer Moschee gebauten Kapelle führen, gibt es noch einen Platz, an dem man sich mit ein bißchen Phantasie die erste illustre Familie des Hauses Aviz vorstellen kann – den kampferprobten D. João I. und die lichtblonde Philippa von Lancaster, die er sich zur Gemahlin wählte, inmitten ihrer fünf ritterlichen Söhne, unter denen Heinrich der Seefahrer fasciniert – es ist jener Saal, an dessen Wänden und Decke die vielen Elstern schwirren, die, im Auftrag des Königs gemalt, verkünden, daß die Umarmung der schönen Hofdame, bei der ihn die stolze Königin antraf, „por bom“, also in allen Ehren geschah!
Noch ist das mittelalterliche Ritterwesen, dem sich auch Könige beugten, nicht verblaßt . . .

Alcobaça

„Die eigenartigen Küchentürme, die schon zur römischen Kaiserzeit die riesigen Küchenherde überwölbten, werden Sie noch öfter in unserm Lande sehen. Sie überragen die Paläste der Almadas, der Giraldes, das Kollegium von S. Roque in Lissabon und die großen Küchenhallen der ‚Königlichen Abtei von S. Maria in Alcobaça', die D. Afonso Henriques, der erte König in Portugal, urkundlich am 5. Mai 1153 stiftete, um einen Mittelpunkt für den Wiederaufbau seiner während der Reconquista in Estremadura zerstörten Gebiete zu schaffen. Nach alter Benediktiner-Regel legten 12 Mönche und ein Abt aus der Abtei Clairvaux den Grundstein für das neue Kloster, das jedoch bald darauf durch den mörderischen Einfall der fanatischen Almohaden aus Afrika zerstört wurde. Der neue Bau der Abtei lag fern von den großen Straßen, im sumpfigen Gelände, am Zusammenfluß der kleinen Flüsse Alcoa und Baça. Mit Hilfe ihrer vom Motto des heiligen Benedikt beseelten ‚conversi' (Laienbrüder) entwickelten die ‚Weißen Mönche' (die nach ihren selbstgewebten Kutten so genannt wurden) eine straff organisierte Arbeit, die zuerst von der Abtei, bei weiterer Entferung der Felder, von den „coutos" (Vorwerken) aus geleitet wurde.
So wuchsen große Obstgärten, prachtvolle Pfirsichplantagen und Orangenhaine heran, von denen das Abendland sprach.
Aus Sümpfen und Ödland entstanden mustergültig bestellte Felder, Wiesen und Weiden; an den Hängen von Estremadura gedieh der Weinstock in Gemeinschaft mit Kiefern.
Als die Mönche die riesigen Ländereien zum Ertrag gebracht hatten und ihre Brüder, die Ordensritter von Avis, sie zu Hilfe riefen, vergaben sie große Teile ihrer vielseitigen Kulturen in Pacht und begnügten sich mit der Kultur von Korkeichen und Ölbäumen. Nach der Überwindung der ersten Schwierigkeiten war die Abtei Alcobaça völlig autark geworden, ‚eine staathaft geordnete Verdichtung des Lebens' (wie Hans Maier das Kloster Lorsch in ‚Ein großes Jenseits' bezeichnet). Fraglos sind von der vorbildlichen Landwirtschaft der Zisterziensermönche Wirkungen auf das Land ausgegangen, aber nicht dies allein: Der reine burgundische Stil der Kirche der Abtei von Alcobaça spricht von dem künstlerischen Einfluß von Clairvaux. Und in politischer Hinsicht ist die Stimme des mächtigen Abts von Alcobaça, der gleichzeitig Groß-Almosenier der Krone, Mitglied im Rat des Königs, Herr über dreizehn Städte und drei Häfen und im Rat der Landstände war, sicher oft ausschlagend gewesen. Zugleich unterstand ihm auch der Ritterorden von Aviz, der dem Lande mit D. Johann I., dem ‚Mestre d'Aviz', den Begründer der Dynastie von Avis gab, unter der Portugal eine der ersten See- und Kolonialmächte wurde."

Va o sol no seu caminho . . .
Na Estremadura se leva
E é na cepas que dao o vinho
Que mata a sede que leva!

Es geht die Sonn' auf ihren Wegen . . .
In Estremadura sie lacht
Und löscht mit dem Wein aus den Reben
Den Durst, den sie macht!

Lord William Beckford, ein reicher, verwöhnter und exzentrischer Herr, der Portugal im 18. Jahrhundert besuchte, hat in einem Tagebuch die portugiesische Gesellschaft beschrieben. Hier finden wir auch eine Schilderung eines Besuchs in der „Königlichen Abtei von S. Maria in Alcobaça“, bei der das üppige Mahl mit den Äbten im Mittelpunkt steht:

„Herein kamen Hand in Hand die Groß-Priore, alle drei zusammen. ‚Zur Küche, und das sogleich, dann werden Sie beurteilen können, ob wir Sie wirklich köstlich bewirten wollen.‘
So eine Aufforderung und so ausgesprochen, war unwiderstehlich; die drei Prälaten führten nun den Weg an zu dem, wie ich glaube, ausgezeichnetsten Tempel der Schwelgerei in ganz Europa. Was Glastonbury in England in seiner glücklichsten Zeit gewesen ist, vermag ich nicht zu sagen; aber niemals haben meine Augen in irgendeinem modernen Kloster in Frankreich, Italien oder Deutschland, einen so enormen Raum kulinarischen Zwecken gewidmet gesehen. Durch die Mitte der edel gegliederten Halle, von nicht weniger als 60 Fuß im Durchmesser, strömte ein munterer Bach von klarstem Wasser und passierte dabei ein hölzernes Wasserbecken, das jede Art und Größe von besten Flußfischen enthielt. Auf einer Seite waren Berge von Wild und Wildbret aufgehäuft, auf der anderen Gemüse und Früchte in unendlicher Auswahl. Neben einer langen Reihe von Herden erstreckte sich noch eine Reihe von Öfen, und nahe von ihnen Hügel von Weizenmehl, weißer, als Schnee, Berge von Zucker, Krüge von reinstem Öl und in reicher Fülle Pastetenteige, die eine zahlreiche Sippe von Laienbrüdern und ihren Helfern ausrollte und in hundert verschiedene Formen gestaltete, während sie die ganze Zeit über so lustig wie Lerchen in einem Kornfeld sangen. Meine Diener und die hochwürdigen Exzellenzen und Priore, die als Zeugen diese gastlichen Vorbereitungen begleiteten, stimmten so beglückt und so ermutigt in die Fröhlichkeit ein, als wären sie eben von der Hochzeit von Kana in Galiläa zurückgekehrt. ‚Sehen Sie‘, sagte der Abt, ‚wir werden nicht hungern. Gottes Güte ist groß und es ziemt sich, daß wir sie genießen!‘“

Längst ist das geschäftige Leben der großen Abtei, die einst ein kultureller Mittelpunkt unseres Landes war, verstummt; dumpf dröhnt der Schritt der fremden Besucher in den öden Hallen, und nur das natürliche Bächlein, das die Mönche durch den Fischteich geleitet haben, murmelt leise seine ewige Melodie...
Doch wie mit einem Zauberstab berührt belebten sich eines Tages die Küche und das Refektorium der Abtei: Die jugendliche Königin Elisabeth von England besuchte ihren ältesten Verbündeten Portugal und speiste im Kloster Alcobaça zu Mittag.
Da schmückten kostbare Brokate und herrliche Gemälde die kahlen Wände des Refektoriums, und elfenbeinfarbiger Damast deckte die Tafeln, auf denen ein echt portugiesisches Mahl gereicht wurde. Es begann mit den gerühmten Langusten von Peniche, auf portugiesische Art gekocht (as langostas suadas à portuguesa), dann folgte ein Braten aus dem guten Kalbfleisch von Lafões (o lombo de vitela, assada à

portuguesa), Schoten aus dem Algarve, ein Rabenfisch (a corvina) mit Endivien gefüllt; zuletzt ein Kastanien-Pudding mit heißer Schokoladen-Sauce (o pudim de castanhas com molho de chocolate) und die herrlichen Früchte von Alcobaça.
Ob man sich wohl der Worte des Klosterbruders Frei Rafael – „Der Wein ist der Schlüssel, der ohne zu schließen das Herz öffnet und die Gedanken befreit!“ – erinnert hat, als man die Weine für dieses Mahl auswählte? Es waren ein Madeira Sercial von 1908, ein weißer Buçaco von 1944 und ein roter vom Jahrgang 1915. Dazu gehörten die Liköre der „Real Companhia Velha“ und von Alcobaça, die noch nach den alten Klosterrezepten hergestellt werden.
Im Lichte der vielen Wachskerzen schimmerten die Tafelaufsätze des portugiesischen Staatssilbers von der Hand des großen französischen Maître Germaine, und die Farbflecke der kandierten „Elvas-Früchte“ (as frutas cristalizadas) und der Zuckermandeln aus dem Algarve (as amendoas confeitadas) in ihren silbernen Schüsseln setzten die Akzente im Gemälde dieses zauberhaften Klostermahls.
Schwer trennte sich der Blick von den riesigen Blumendekorationen mit den schönsten Exemplaren des Landes und dem Fruchtkorb, der einem Gemälde der Josefa von Obidos, der berühmten portugiesischen Malerin des 17. Jahrhunderts, entnommen schien...

Vila Viçosa

„Inmitten der weiten Ebene, die sich nördlich vom Tejo hinzieht, liegt die dritte der drei großen Küchen mit dem seltsamen romanischen Rauchfang...“ „Sitzt nicht auf jedem Haus im Süden Ihres Landes ein kleines Kunstwerk von Schornstein?„
„É verdade, minha senhora! Ganz recht! und von dem zierlichen Schornstein kann man fast immer auf buntes Tongeschirr und blank geputztes Messing in der Küche schließen...“
„Und sicher fehlt nicht der kleine „tarro“, das Eimerchen aus Kork!“
„Pois não! Gewiß nicht! Das gehört nun mal zu jedem Haus im Alentejo! Darin bringt man im Winter die heiße Brotsuppe und im Sommer den kühlen ‚gaspacho‘ aufs Feld! Zum Mahl gehört auch der braune Brotlaib, so schwer, daß ‚je einer für drei Tagelöhner reicht!‘ (Sopa de ganhão, cada três um pão!) Das liebe Brot, als Suppe oder ‚acorda‘ (Brotbrei), ist nun mal die Grundlage der alentejanischen Mahlzeiten. ‚Sardinen ohne Brot ist Diebsessen‘ (sardinhas sem pão é comer de ladrâo) – heißt bei uns ein alter Spruch. Die Palastküche von Vila Viçosa spricht allerdings von weniger frugalen Mahlzeiten. So kann sich der Chronist eines Banketts aus dem Jahre 1571 gar nicht genugtun im Aufzählen der überreichlich mit Gewürzen, Zucker, Zimt und gekochtem Eigelb gewürzten Speisen. Die ganze Pracht und Üppigkeit der portugiesischen Renaissanceküche ersteht vor unseren Augen. Auch so seltsame Gerichte wie Schweinepfoten mit Zucker und Zimt...“
„Sie ziehen natürlich ein ‚bife de cebolada‘, ein Beefsteak mit Zwiebeln vor!“ „Ein

‚bife' ist immer gut, „é daqui!" und Pedro zupft sich am Ohr, wie es hier üblich ist, wenn man sagen will, daß etwas vorzüglich ist, „aber ein ‚cabrito assado', (Zicklein) wie es da auf der Tafel in Vila Viçosa stand, ist auch nicht zu verachten. Statt der Schweinepfoten wäre mir allerdings eine ‚vitela enrolada' (Kalbfleischroulade) lieber, besonders, wenn das Kalbfleisch aus Lafões oder Sintra kommt – oder auch ‚dobrada à moda do Porto'..."
„Was ist denn das nun wieder?"
„Ganz einfach Kalbsgekröse mit Gemüsen. In manchen Gegenden nennt man es wohl auch Kuttelfleck. Das ist ein sehr beliebtes Essen in Portugal! Man sagt, es sei zuerst in Porto aufgetaucht. Die Legende erzählt, daß die Bürger dieser Stadt ihr gesamtes Rindvieh geschlachtet und eingesalzen für den Feldzug nach Ceuta geopfert hätten. Für sich behielten sie nur die Kaldaunen zurück; doch sie verstanden sie so vorzüglich zuzubereiten, daß die ‚ tripas' oder ‚dobrada' ein Lieblingsgericht geworden sind. Seit dieser Zeit bezeichnet man die Einwohner von Porto gern als ‚tripeiros' wie man die Lissaboner spaßhaft ‚alfacinhas' nennt, weil sie den frischen Kopfsalat (a alface) über alles schätzen. Doch kehren wir zu unserm Bankett in Vila Viçosa zurück. Zu den Tafelgenüssen gehörte zweifellos auch das Schwein, denn ein altes Sprichwort bezeugt schon unsere Vorliebe für dieses Tier:

Das carnes, o carneiro; das aves a perdiz e sobretudo a cordoniz;
Mas se o porco voara, não havia carne que lhe chegara!

Will sagen, daß wir das Fleisch vom Hammel lieben und vom Geflügel das Rebhuhn und besonders die Wachtel, doch erscheint das Schwein, so übertrifft es alles andere Fleisch! Was wäre wohl auch ein portugiesischer Jahrmarkt ohne Spanferkel am Spieße? Ein ‚leitão da Bairrada', ein Ferkelchen nach Art der Bairrada übt immer die größte Anziehungskraft aus. Wundern Sie sich also nicht über die großen Schweineherden, die Sie im Norden unseres Landes und im Alentejo bei der Eichelmast sehen. Gelegentlich delektieren sich diese lieben Tierchen auch an den weißen Trüffeln, die sie aufstöbern..."
„Ach, daher schmeckt das alentejanische ‚carne de porco com ameijoas' (Schweinefleisch mit Muscheln) so gut!"
„Ein sehr portugiesisches Gericht, minha senhora! Es zeigt die gute Ehe, die unser Land mit dem Meere eingegangen ist! Wir Portugiesen sehen ja auf eine lange Ahnenreihe von Fischern zurück, denn noch bevor sich unser Land über den Ozean ausdehnte, waren den Männern von Aveiro und Viana do Castelo bereits die reichen Fischgründe beim Stockfischland, dem heutigen Neufundland, wohl bekannt. Seitdem lief unsere große Stockfischflotte Jahr um Jahr in die nordischen Gewässer aus, um Portugal mit dem Kabeljau zu versorgen, der gut gesalzen und getrocknet ‚bacalhau' genannt wird. Fische sind heute aus dem portugiesischen Speisezettel nicht fortzudenken. Allerdings hat das Land auch die fischreichen, vom Golfstrom gut gewärmten Fischgründe vor der Tür. Und welche Auswahl! Vom großen Thunfisch, der bis zu 600 Kilo wiegen kann, bis zu den kleinen silbernen Sardinen, rund 300 verschiedene Fischarten. Den deutschen Arzt Hieronymus Münzer, der Portugal im Jahre 1492 besuchte, beeindruckten die reichen Fischfänge, die er auf dem Lissabonner Fischmarkt sah, so sehr, daß er meinte,

man könne ‚mit diesem Reichtum ganz Lissabon, Spanien, Rom, Genua und Konstantinopel versorgen!' Unter allem, was ihr Fischmarkt bietet, bevorzugen die Portugiesen die kleinen Sardinen und den Stockfisch, der sogar in großen Mengen aus dem Ausland bezogen wird, da die eigenen Fänge nicht ausreichen."

„Gibt es wirklich hundertfünfzig verschiedene Stockfischrezepte, von denen man hört?"

„Tal e qual, minha senhora. Das ist wohl so! Der trockene Stockfisch sieht zwar nicht sehr verlockend aus und riecht auch recht streng, aber gut zubereitet schmeckt er vorzüglich. Selbst der große Escoffier wußte den Portugiesen dank, daß sie ‚diesen allgemein anerkannten und beliebten Fisch in die menschliche Ernährung eingeführt haben!'

Auf dem großen Bankett, von dem wir sprachen, wurden wahrscheinlich Forellen aus den Bergwässern im Norden des Landes, Seezungen oder ein Lachs, für den der Minho die südliche Grenze in Europa bedeutet, gereicht. Ganz sicher wissen wir jedoch, daß man damals schon die seltsamen Neunaugen für ein großes Essen für würdig hielt, denn sie werden bereits in dem kleinen Küchentraktat aus Neapel erwähnt. Die silbernen Sardinen – ein bekanntes Sprichwort sagt: ‚A mulher e a sardinha, quer se da mais pequenina!' Was heißen soll, daß man in Portugal sowohl bei den Sardinen wie bei den Mädchen die ganz kleinen, die „petingas", bevorzugt.

Die silbernen Sardinen, die heute eine beliebte Mahlzeit sind, waren jedoch damals nicht hoffähig und gehörten mit Saubohnen, Salzfleisch und Maisbrot zu den Speisen der Armen.

Sardinen

Man nehme sechs fette und frische Sardinen
und drücke eine halbe Zitrone über sie aus.
Entferne ihre größten Schuppen und
bestreue sie halb mit Salz.
In einem Bett von trockener Petersilie
auf ein Drahtnetz gelegt,
kommen sie über die heiße Kohlenglut.
So sie zu rauchen beginnen,
ja rasch fortnehmen, umwenden,
um langsam sie fertig zu rösten.
Gut warm, mit gerösteten feinen Maisbrotschnitten,
die mit süßen Olivenöl befeuchtet, sind sie zu essen.
Auch mit Streifen von abgezogenen Pfefferschoten
und heißen Semmelbröckchen dekoriert und
einem „Grünen Wein", frisch gekühlt von der Zisterne, dazu getrunken.

Ucharia e Copo, 16. Jahrhundert

Ein Gericht ist jedoch in Portugal bei arm und reich gleichermaßen beliebt: das ist die Suppe! Die riesigen Suppenschüsseln der mittelalterlichen Gastmähler, in denen ganze Schinken in lieblicher Gemeinschaft mit Hühnern und Würsten schwammen, sind die direkten Vorfahren unserer gehaltvollen Suppengerichte. Allen voran steht der ‚cozido português', eine reichhaltige Gemüsesuppe mit Tellerfleisch und vielen verschiedenen Beilagen. Würdig zur Seite steht ihr die ‚canja', die berühmte Hühnersuppe mit Reis. Die größte Schwierigkeit aber bietet die Bereitung der ‚caldeirada à fragateira'. Kaum noch als Suppe zu bezeichnen, ergibt das kunstvolle Fischgericht eine ganze Mahlzeit, die wir nur noch mit einem Stückchen Käse beenden können.
Sie haben die Auswahl zwischen einem ‚aceitão' von der Serra de Arrabida, der im Geschmack ein wenig dem französischen Brie-Käse gleicht, einem ‚Serra de Estrela' aus Schafsmilch, einem ‚Serra de Serpa' oder einem „S. Jorge" von den Azoreninseln. Vielleicht ist es Ihnen aufgefallen, daß manch einer bei uns eine Banane zu seinem Käse verzehrt. Das schmeckt nicht schlecht, aber Sie können natürlich auch eine von den süßen Nabelorangen, ein Stückchen Ananas von den Azoreninseln, Pflaumen von Borba oder Elvas oder Feigen aus dem Algarve zum Abschluß Ihrer Mahlzeit wählen. Vielleicht ziehen Sie eine Scheibe Wassermelone vor, doch rate ich Ihnen, die Melone immer an den Anfang der Mahlzeit zu setzen. Wählen Sie eine von den kleinen, kugeligen Ananasmelonen, die wir ‚meloa' nennen, oder eine Frucht mit einer ‚casca de carvalho', einer Schale, wie Eichenrinde, die sehr aromatisch und wenn sie sehr reif sind, auch ein wenig spritzig sein können."
„Portugal ist klein, aber ein wahres Zuckerstückchen!" sagt ein portugiesisches Sprichwort. Wer zählt die Namen all der Süßigkeiten und Bäckereien, die in den vielen Klöstern des Landes mit großer Meisterschaft und Liebe durch die Jahrhunderte bereitet wurden!
Als Portugal im Jahre 1834 die Klöster aufhob, fiel der schriftliche Nachlaß an die Bibliotheken oder verschwand. Manches klösterliche Rezept wurde auch der Anlaß einer kleinen Kuchenindustrie. Viele der ursprünglichen Kuchenformen haben sich bis heute erhalten: Männer- und Frauengestalten, das Herz als Symbol der Liebe, das Täschchen der Hausfrau und die Viola, auf der der Bursche spielt. Auch der Drache der Legende erscheint in Kuchenteig, und die Kuchen, die zum Feste des Heiligen Gonçales in Amarante gebacken werden, erinnern in der phallischen Form an die uralten Fruchtbarkeitsopfer.
„Die jungen Männer und Frauen scheuen sich durchaus nicht, sich gegenseitig Kuchen anzubieten!"
Traditionelle Bäckereien sind die Käsküchlein, süß und schwer von Mandeln (as queijadas), das zarte Biskuit (pão de ló), die österlichen Zuckermandeln (as amendoas cobertas) und der Osterkuchen (folar de pascoa), in den ganze Eier eingebacken werden.
Im Norden Portugals, in der Provinz Trás-os-Montes, füllt man die „folares" statt mit Eiern mit verschiedenen Fleischsorten. Diese „folares à moda de Bragança" eignen sich gut zum Mitnehmen und sind eine beliebte Speise für Picknicks und Sommerfeste.

Kulinarische Weihnachtsfreuden

„Es gibt sicher nur noch wenige Länder auf der Welt, die so viele alte Weihnachtsbräuche bewahrt haben, wie Portugal.

Kommen Sie einmal mit in eine kleine Ortschaft am Minho oder Douro. Am Heiligen Abend sind alle Hände beschäftigt: in der Kirche legt man die letzte Hand an die Aufstellung der alten Weihnachtskrippe. Auf der Straße sammelt ein Ochsenwagen Kloben und Scheite, die ihm aus Häusern und Höfen zugetragen werden. Sie sind für den großen Holzstoß bestimmt, der nach der Mitternachtsmesse auf dem Kirchplatz brennen wird. In den Häusern ist man bereits bei der Vorbereitung für das traditionelle Weihnachtsessen.

Viel besser beschreibt Ihnen der Dichter Ramalho Ortigão die kulinarischen Freuden des Weihnachtsabends: ‚Der Nordost pfiff durch die Ritzen der Fenster; in der Ferne hörte man das Brausen des Meeres, während ein leiser Luftzug den Duft des heißen, mit Honig, Alicante-Rosinen und Zimt gekochten Weins aus der Küche mitbrachte, wo ein großes Feuer im Herd brannte. Endlich war der Stockfisch richtig gar, die gebackenen Kürbisscheiben, die Armen Ritter und die Abtsohren wurden aus der Pfanne genommen und in großen Pyramiden aufgehäuft. Eine Stimme sagte: zu Tisch, zu Tisch...‘

Schlägt die Mitternachtsstunde, so macht sich alles auf den Weg zur Mitternachtsmesse. Dann lodert das große Weihnachtsfeuer auf dem Kirchplatz, und manche Hausfrau nimmt sich einen Span für das häusliche Herdfeuer mit. Im Alentejo und im Algarve setzt man sich erst nach der Rückkehr von der Mitternachtsmesse zur ‚consoada‘, zum Christmahl, bei dem der Stockfisch mit Kartoffeln und Reis mit Fisch unerläßlich sind. In Tràs-os-Montes ißt man Kohl zum Stockfisch, und als Nachspeise gibt es in Honig gekochte Früchte. Eier- und Nudelgerichte fehlen auf keinem Weihnachtstisch, doch die Krone sind die Süßigkeiten. Jede Provinz und oftmals jede Ortschaft hat eine weihnachtliche Spezialität: in der Baira Alta ißt man den ‚bolo podre‘, „pão leve‘ und einen ‚bolo de amendoas‘, einen Mandelkuchen.

In Estremadura backt man die ‚merendeiras‘, im Algarve die ‚filhós‘ und die ‚morgados‘ und im Alentejo stehen ‚azevias‘ und ‚nogados‘ auf dem einfachen Holztisch des Tagelöhners wie auf der reichgeschmückten Tafel des Großgrundbesitzers. Überall duftet es nach Kuchen, nach Fettgebackenem und gerösteten Kastanien. Junge Leute ziehen von Haus zu Haus und bieten ihren Freunden die traditionellen Weihnachtskuchen an, die sie von jenen wiedergeschenkt bekommen. Kleine Kindergruppen klopfen an die Türen und singen die alten Weihnachtslieder. Manchmal sind die Händchen, die man ihnen mit Kuchen und Nüssen füllt, rot und klamm, aber das macht nichts, die Freude überwiegt. Die weihnachtlichen Schaufenster der Städte sind mit den traditionellen Weihnachtsspeisen gefüllt: Berge von Fettgebackenem und Schüsseln voll goldgelber Eierfäden, daneben die großen verpackten Biskuits, das ‚pão de ló‘ von Margaride, von Ovar und Peniche. Zwischen diesen Herrlichkeiten warten Hähnchen aus Feigen, die mit bunten Federchen besteckt sind und die seltsamen Neunaugen aus

Kuchenteig auf die Käufer. In den Bäckereien verschwinden die prachtvollen, mit kandierten Früchten und Mandeln verzierten Kuchenkränze, die ‚bolos-reis‘, rasch aus den Schaufenstern, denn niemand kommt zur Weihnachtszeit zu Besuch, ohne einen dieser portugiesischen Königskuchen mitzubringen. Rege Nachfrage herrscht auch nach ‚pão doce‘, einem einfachen Kuchenbrot in althergebrachten Formen. Es erinnert ein wenig an die „fogaças“ oder „cargos“ genannten Kuchenbrote, die die Frauen beim Kirchfest in Leiria oder Mercês in feierlicher Prozession auf dem Kopf zur Kirchentür tragen. Dort verkauft man sie als Opfergabe für die Armen.

Wir sind ein konservatives Volk und halten gern an alten Sitten fest. Noch zieht man an den Festen der drei Sommerheiligen, St. Antonius, St. Johannes und St. Petrus, ins Freie hinaus und läßt sich irgendwo im Schatten grüner Bäume nieder. Aus den mitgenommenen Freßkörben werden allerhand leckere Dinge ausgepackt: ein ‚frango assado‘, ein gebratenes Hühnchen – von dem die vorsorgliche Hausfrau wahrscheinlich schon ein Süppchen gekocht hat, ehe es in die Bratpfanne kam – oder ‚paio‘, ein leckerer Rollschinken, und ganz bestimmt kleine Pastetchen und Kroketten, sowie die süßen Törtchen, die aus Mandeln und Zucker bestehen.

Gegen den Herbst zu mehren sich dann die Wallfahrten und Kirchenfeste, an die sich fast immer ein Jahrmarkt, eine ‚feira‘, anschließt.

Da stehen zipfelmützige Bauern um einen Wurf rosiger oder schwarzer Ferkelchen, während ihre Frauen neues Tongeschirr, Schuhe oder eine Wassermelone einhandeln. Ranke Zigeunerinnen in farbenbunten Röcken, ein schwarzäugiges Kind auf der Hüfte, bieten selbstgeflochtene Körbe an. Heiße gekochte Birnen künden den Herbst an, und wo ein dichter weißer Rauch aufsteigt, da brutzelt Schweinefleisch in irdenen Schüsselchen oder rösten Sardinen und grüne Pfefferschoten übern Holzkohlenfeuer. Dicht gedrängt sitzen die Marktbesucher auf langen Bretterbänken und warten, den vollen Weinkrug zwischen den Füßen, auf die krossen Fischchen ... nein, keine Sorge, selbst mitten im Lande sind die kleinen Sardinen lebendfrisch von der Küste, ‚vivas da costa‘, wie die ‚varinas‘, die Fischhändlerinnen, riefen ... aber auch sie hört man heute kaum noch.

„Kamen sie wirklich alle aus Ovar, und waren sie tatsächlich phönizischer Herkunft?“

„Das ist wohl möglich, das Wort ‚varina‘ ist eine Kürzung von ‚ovarina‘, und die Überlieferung spricht von griechischen und phönizischen Küstensiedlungen in Ilhavo und Ovar...“ „Was riefen sie denn? Ich habe es nie verstanden.“

„Vielleicht war es das uralte ‚Chocos p'ra tigelada‘, das ‚Tintenfisch für die Fischsuppe‘ bedeutet, doch wenn Sie heute noch eine ‚varina‘ rufen hören sollten, so wird sie wahrscheinlich die Fische anpreisen, die sie gerade in ihrem Korb hat. Das gellende ‚carapaus‘ konnte man straßenweit hören, wenn sie die kleinen silbernen Stichlinge anzubieten hat. Am jeweiligen Kaufplatz sammelten sich dann einige von den vielen vagabundierenden Katzen, die heute, da selbst diese ‚Billigen Fische‘ fast unerschwinglich sind, betrübt abziehen müssen.

Ebenso durchdringend priesen die Fischer einstmals die Miesmuscheln an mit ihrem ‚iérre, iérre, mexilhão!‘, aber auch die hört man nicht mehr.

Etwas melodischer klang schon der Ruf der Gemüseverkäufer, die mit ihrem Eselskarren durch die Straßen der Stadt zogen. Früher erstreckte sich das ‚Reich der Eselskarren und der Zipfelmütze' bis an die ersten Straßen der Großstädte. Aber längst ist die Stadt weit ins Land gewachsen und die Gemüse- und Obsthändler, die heute noch vom Karren verkaufen, haben sich Obst und Gemüse aus der Zentralmarkthalle geholt. Draußen auf dem Lande hat sich noch nicht viel verändert, da werkelt der ‚saloió, der kleine Gemüsegärtner, noch genau so emsig, wie sein maurischer Vorfahr: er wässert den grünen Salat, bindet die Tomaten an, jätet, gräbt und erntet nach Jahreszeit. Bei Morgengrauen sieht man ihn schon auf dem Zentralmarkt der Hauptstadt. Verschwunden ist jedoch die Bäuerin, die mit dem großen Korb voll lebender Hühner auf dem Kopf in die Stadt kam und ebenso der Mann, der in der Vorweihnachtszeit eine Herde Truthühner durch die Straßen von Estoril vor sich her trieb, damit sicher jeder seinen Weihnachtsbraten aussuchen konnte."

Der heimliche Verbündete

Ich erinnere mich noch genau an den Tag – obwohl nun schon Jahre dazwischen liegen – an dem wir mit unserm Freund Pedro um den weiß gescheuerten Tisch einer kleinen „tasca" (Kneipe) saßen und der guten Dinge harrten, die er uns versprochen hatte. Während die leise brutzelnden „iscas com elas" (Leberschnitten mit Bratkartoffeln) in ihren irdenen Förmchen aufgetragen wurden, hob Pedro das Glas mit dem roten Wein und ließ die Lichtreflexe spielen. „Trinken Sie, meine Freunde, heute ist Martini und ‚Em dias de São Martinho, prove o teu vinho!' sagt das Sprichwort." An diesem Tag probt man zuerst den neuen Wein, aber man vergißt auch nicht den alten. Ein Glas Wein gehört nun mal zu jeder portugiesischen Mahlzeit!
Man könnte den Wein auch den Verbündeten der portugiesischen Küche nennen, denn wo viel Wein wächst, wird auch viel mit Wein gekocht. Ein Gläschen *Madeira* zum Beispiel, dessen Duft so lieblich ist, daß sich die vornehmen englischen Damen das Taschentüchlein damit parfümierten, gibt manchem Gericht erst das „gewisse Etwas." Der erste Wein, der von Madeira, der „Perle des Atlantiks", exportiert worden ist – nachdem die Insel 1419 entdeckt und von den Kolonisten, die Heinrich der Seefahrer geschickt hatte, mit Zuckerrohr von Sizilien und Weinreben vom Rhein bepflanzt worden war – war ein *Malvasier,* ein sanfter, sehr süßer Wein, ein rechter Dessertwein. Der zweite, der vier großen Madeiraweine, ist der *Sercial,* der mit einem Stückchen Biskuit oder Madeirakuchen einen vorzüglichen Aperitif abgibt. Jung ist auch der *Verdelho* ein guter Aperitif. Wenn er älter ist, trinkt man ihn besser als Dessertwein. Der letzte der vier bemerkenswerten Madeiraweine ist der halbsüße *Boal,* ein bouquetreicher Wein mit einem bittersüßen Abgang, ein Wein für viele Gelegenheiten. So hat jeder Madeirawein seinen eigenen Charakter, der sich auch an die Küche Madeiras anpaßt.
Wie sagt das Lied der Kelterhäuser?

Venha vinho, venha vinho
Venha tambem bacalhau
Venha pão e peixe espada
Tudo junto não e mau!

Bringt den Wein, bringt den Wein,
Auch der Stockfisch ist mir recht,
Bringet Brot und Schwertfisch,
Das zusammen ist nicht schlecht!

Hier wollen wir nun die schöne Insel verlassen, denn auf dem portugiesischen Festland sind noch viele gute portugiesische Weine zu probieren. Doch bevor wir damit beginnen, noch einige Worte über das Weinland Portugal, das nun schon viele hundert Jahre auf eine intensive Rebenkultur zurückblicken kann. Was mag sich in dieser langen Zeit alles verändert haben?! – Nicht allzu viel, denn noch ist das Leben auf altem Boden eng verbunden mit der Landschaft und der Weinbau, dem die Menschen mit einem archaischen Handwerkszeug nachgehen, das in Mitteleuropa bereits im ethnologischen Museum ist. Oft genial erdacht, obwohl primitiv, erfüllt es seinen Zweck vollauf, wie eh und je. Doch geduldige Hände, die auf Bergterrassen arbeiten, welche für den Pflug zu klein sind, zerstören nichts, ja, sie lassen sogar den grasigen Rand über der kleinen Stützmauer, der die Oberfläche bei Regen zurückhält und einigen Wildblumen, an denen Portugal so reich ist, ein Asyl gewährt.
Das geht so, seit die römischen Legionen die Iberische Halbinsel besetzten. Daß die Kelten vor ihnen „Vitis vinifera“ gekannt haben, ist anzunehmen, doch bedurfte es der disziplinierten römischen Agrikultur, um aus den Wildlingen in den Auwäldern wohlerzogene Reben zu machen!
Es ist auch anzunehmen, daß der erste herbe spanische Wein den verwöhnten römischen Herren, die sich für alle Ewigkeit auf der Iberischen Halbinsel eingerichtet hatten, nicht geschmeckt hat, so ließen sie sich Schößlinge aus Italien kommen, die bereits von edlerer Kaste waren.
Nun wuchsen im Umkreis von Lissabon bald mannigfaltige Weine, wie der milde *Colares* – dem die Ramiscotraube, die ihre Wurzeln tief unter den Dünensand streckt, den eigenartigen Charakter verleiht –, der zarte, leicht herbe *Bucelas* und der einst so berühmte *Carcavelos,* der eine lange Krankheit überstand und nun zu neuem Ruhm gedeiht.
Jenseits des Tejo finden wir den roten *Cartaxo,* den man gern zu Gerichten nimmt, zu denen die Franzosen einen Burgunder trinken würden, z.B. zum „Kaninchen auf Jägerart“ (Coelho ă caçadora). Da sind wir nun in der Region zwischen dem Tejo und dem Sado, der Region der *Setubalweine.* Um sich an die schweren topasfarbenen Süßweine zu gewöhnen, rät der „Roteiro de Vinho“ an einem kühlen Tag mit einem Kelch Muskatellerwein mit einem geschlagenen Eigelb zu beginnen, aber das ist nicht nach jedermanns Geschmack, die süßen *Muscateller* (Moscatel) sind eher eine Sache der Damen; mehr nach männlichem Gusto sind die vorzüglichen Weißweine der Region, vielleicht ein fruchtiger und aromatischer Wein mit dem Namen „Periquito“, der zu den leckeren „salmonetes à moda de Setubal (Meerbarben nach Art von Setubal) getrunken wird. Nach diesem Gericht wird oft ein Wildgericht, eine Spezialität der Gegend, und als Dessert ein Stückchen Käse von Aceitão gereicht.

Auch die Weinregion von *Ribatejo* produziert eine große Anzahl von verschiedenen Weinen, unter denen sich die Roten (os tintos) auszeichnen, die stark alkoholhaltig und fruchtig sind und gern zu Wildgerichten getrunken werden.
In *Estremadura,* der nächsten und quantitativ größten portugiesischen Weinregion, wachsen ebenfalls viele vorzügliche Weine, von denen man die offenen Roten gern zu Reis- und Teigwaren wie auch zu Geflügel trinkt. Die weißen fruchtigen Weine dieser Region wählt man zu Salaten und Fischen. Nach portugiesischer Ansicht stellt ein Glas guter Estremadurawein und ein Stückchen Gebäck aus Caldas da Rainha, zum Beispiel „cavacas", ein erstklassiges Frühstück dar!
Besuchen wir einmal die Universitätsstadt Coimbra, so beweisen uns die zahlreichen Wirtshäuser, Schenken, Speisehäuser und Restaurants den Wert, den man in dieser Stadt der Doktoren auf eine gute Mahlzeit und einen guten Tropfen legt. Wir befinden uns hier auch in einer ausgezeichneten Weingegend, in der von einer Demarkationslinie gekennzeichneten Region der *Bairrada-Weine.* Als Weißweine sind sie gute Begleiter für Fische und Teigwaren; als Rotweine für Wild, Braten und Käse. Die Roten werden im Alter sogar noch besser. Aber auch ein natürlicher Schaumwein wird hier produziert, der vorzüglich zu einer Spezialität der Gegend, dem kleinen „Spanferkel am Spieß" paßt, denn er ist trocken, leicht prickelnd und verdauungsfördernd!
Je weiter der Weg nördlich führt, je schneller verändert die Landschaft ihr Gesicht: Mais deckt den Boden und Rebstöcke an hohen Spalieren begrenzen die fruchtbaren Fluren, durch die leise murmelnd der Vouga fließt. Das ist der Beginn der Region der „Grünen Weine" mit ihren Unterregionen. Moncão, Lima, Bastos, Braga, Amarante und Penafiel.
Ach, wie leicht und angenehm sind diese alkoholarmen Weine an einem heißen Sommertag zu trinken! Sie passen gut zu Fischen und Meerestieren, und ihre roten (verde-rubro) Verwandten sind eine gute Begleitung zu Braten und gegrilltem Fleisch.
Die Stadt Porto, der wir uns nähern, hat ihren Namen dem wohl berühmtesten Wein der Welt gegeben. An den Abhängen des Douro-Flusses und seinen Zuflüssen, von Barqueiro bis Barca d'Alves, werden die Trauben für den berühmten *Portwein* kultiviert. Von einem natürlichen Boden für die Reben kann man bei diesen steil zum Fluß abstürzenden Hängen kaum sprechen. Man muß bewundern, was Menschenhände hier seit dem 17. Jahrhundert geschaffen haben, wie sie wieder und wieder Berme und Terrassen in den Fels geschnitten und durch Felssteinmäuerchen unterstützt haben.
Erst mit dem Beginn der Rebpflanzung wird auch der Boden für die Reben bereitet, indem man mit dem Zertrümmern und Zerschroten der Mutterfelsen sowie dem Aufbringen des Düngers beginnt.
Von den auserlesenen Weinen dieses Gebiets ist der *Tawny,* der lohfarbene Wein, der in Holzfässern gealtert ist, von hoher Qualität, der *Vintage* aber von der höchsten Qualität, die in der Region produziert wird; er stammt von einer einzigen Lese, die ob ihrer außergewöhnlichen Merkmale ausgesucht und datiert worden ist.
In bezug auf ihre Farbe unterscheidet man amarelo-topazio, rubi-topazio und rubi und bei der Süße zwischen seco, meio-seco und doce. Ihr Alterswert dürfte nur von den

Liebhabern historischer Port- und Madeiraweine richtig eingeschätzt werden. Da rühmt sich zum Beispiel Laurence van der Post (der ja auch ein Kenner der portugiesischen Küche ist) einiger Flaschen Madeira der Jahrgänge 1818, 1846 und 1862 in seinem Besitz, für die er bis zum Erscheinen seines Buches „First Catch The Eland!“ noch keine Gelegenheit gefunden hatte, die würdig genug gewesen wäre, um diese kostbaren Flaschen zu öffnen!

Den *Tawny* kann man im Sommer frisch trinken, aber er ist, wie alle Portweine, ein Wein, den man mit Bedacht am Ende einer guten Mahlzeit trinken sollte, zu einem Stückchen Käse, zu Nüssen. „Einen Portwein“, so meint der ‚Roteiro do Vinho‘, „sollte man nicht inmitten einer heftigen Diskussion trinken, er erfordere geistige Sammlung, Konzentration der Gefühle ...“

Vergessen wir über dem Ruhm des Porto nicht, daß die portugiesischen Südweine ja nur drei Prozent der portugiesischen Weine ausmachen und daß im Dourogebiet und seinen Unterregionen Alijo, Lamego, Meda, Murça, Subrosa und Vila Real auch Tischweine von großer Qualität kultiviert werden, von denen die Weißen durch ein fruchtiges Aroma ausgezeichnet sind und die nicht sehr zahlreichen Roten, etwas alkoholreicher als die Weißen, im Alter sehr gewinnen. Zudem werden in der Douroregion auch die meisten der beliebten *Rosées* produziert.

Verlassen wir nun den Douro und wenden uns dem lieblichen Minho zu, so kommen wir in eine Unterregion der Region der „Grünen Weine“. Ihre Gegenwart zeigt sich mit den vielen Weinlaubgängen und Weinlauben an, die die Wege beschatten und die Felder begrenzen. Vorbei sind die unübersehbaren Weinplantagen mit ihren langen, gleichgerichteten Rebenreihen in niedriger Kultivierung. Nun zieht sich die Rebe in freier Entwicklung hoch hinauf und gibt der Landschaft ein anmutiges, heiteres, ja üppiges Aussehen und hier und da herrlichen Schatten.

Und dann gibt es da noch eine andere, sehr alte Rebenkultivierung, die nur in Portugal und Italien üblich ist, die „vinha de enforcado“ (Hängerebe) – etwas sehr charakteristisches für die atlantische Region zwischen Minho und Vouga –, bei der man die Rebe ihrem natürlichen Wachstum überläßt und ihr nur einen Baum gibt, der ihr als Halt dient. Sie umklammert seinen Stamm, umschlingt wie eine Liane seine Zweige und vermengt ihr Laub mit dem seinen. Sehr oft wird dieser Halt eine Ulme sein. Der Ursprung dieser Rebenkultivierung ist unbekannt. Vielleicht entwickelte sie sich, als der Mais seinen Einzug in Portugal hielt und sich viele Weingärten in Maisfelder verwandelten. Doch wächst die edle Rebe in dieser Form auch in einer sehr archaischen Region, im Tale des Zezere und auf nahen Schieferböden, und ihre Trauben geben einen leichten, pikanten und duftigen Wein von der Farbe einer Granatapfelbeere.

Nachdem wir uns nun eine Weile in den teils lieblichen, teils großartigen Weinlandschaften Portugals aufgehalten haben, drängen sich uns zwei Landschaften aus dieser Vielseitigkeit besonders vor Augen:

Die eine umfaßt die Länder südlich vom Vougafluß, die „Terra Quente“ (das heiße Land) des Douro und seiner weniger westlichen Zuflüsse“.

Die andere ist das Land des atlantischen Nordwestens mit dem unteren Douro, es sind

die Täler von Tâmega und Paiva, Inseln im Gebiet der „Terra Fria“ (dem Kalten Land) und in der Bergkette, die den Zezere begleitet. Hier war es, wo der Geschmack der „Grünen und halbgrünen Weine“ eine vage Erinnerung an die Zeit, als Zider und Bier die Getränke waren, aufkommen ließ...
Erst mußte wohl Dionysos oder Bacchus, der Rebengott, (den die Römer von den Griechen übernahmen), auftauchen, durch den Norden Portugals streifen, der Legende nach die Stadt Monção gründen und – da wohl für seinen Geschmack nichts Trinkbares da war – eine Rebe pflanzen und von dannen eilen... So war es denn einem durstigen Gott beschieden, einem der köstlichsten Weine Portugals das Leben zu geben, dem Alvarinho, weiß, frisch, alkoholarm, aber anregend; ein Wein, wie könnte es auch anders sein, dessen Ursprung Griechenland sein soll.

Getränke

Sangri

1 Gläschen Cognac,
1 Flasche leichten Rotwein, 2 Zitronen, Zucker, evtl. 1 Flasche Mineralwasser

Sangria

Sangria, eine Erfrischung, die aus dem Portugal so verwandten Galicien gekommen ist, wird in Spanien und Portugal besonders an heißen Tagen gerne getrunken.
In einen Glaskrug werden ein Gläschen Cognac (Constantino oder Macieira), vier bis sechs dünne, kernlose Zitronenscheiben, Zucker nach Geschmack und kleine Eisstückchen gegeben. Gut umrühren (mittels eines Holzlöffels).
Mit einer Flasche leichten Colareswein aus der Adega Regional oder einem anderen leichten Rotwein auffüllen. Evtl. etwas Mineralwasser zufügen.

Capilé

Zucker, Venushaar (eine zarte grüne Pflanze, die gern an alten Brunnenrändern wächst), 2 Eiweiß, Rosenwasser

Capilé (Limonade)

Zwei *arrateis* Zucker (entspricht 918 g), eine gute Handvoll Venushaar (Adiantum Capillus Veneris) mit drei *quartilhos* (1½ Liter) Wasser aufsetzen. Drei geschlagene Eiweiß einlaufen lassen. Die Mischung, sobald sie kocht, mit dem Schaumlöffel säubern und durch ein Tuch gießen. Noch einmal leise kochen lassen und einen viertel Liter *agua de flor* (Rosenwasser) zufügen. Weiter kochen lassen bis die Mischung leicht sirupartig ist. Die angegebenen Mengen ergeben etwa eine Flasche Limonade.

Sangaree

1 Sherry-Glas Madeira, ½ pint Wasser (etwa 0,30 l), 1 Limone, 1 Prise Muskatnuß, Zucker nach Belieben, Eis

Sangaree

Madeira und Wasser mischen, den Saft der Limone zugeben, mit Muskatnuß und Zucker abschmecken, das Eis untermischen.
(Für eine Person)

Von festlichen Mahlen

An dieses göttliche Geschichtchen mußte ich denken, als die kleine Weinreise beendet war. Bacchus war ja nicht nur der einzige, der dieses Land besuchte; südlicher an der Küste landete Odysseus, gründete Lissabon und segelte davon, und die schwarzen Raben, die den Sarg mit den Überresten des heiligen Vincent retteten, setzten ihn ein wenig später am äußersten Kap nieder...
O mythenreiches Portugal! In dieser fruchtbaren Atmosphäre aus atlantischen und mediterranen Elementen wachsen, wie es scheint, auch die Legenden: Da wird der knabenhafte König D. Sebastian, der mit Mann und Maus in der portugalesischen Schlacht untergegangen ist, an einem nebligen Morgen aus dem Meere wiederkehren...
„Kein Wunder", so Karl Vossler in einem Vortrag, „da doch verführerische nordische Legenden, selbst die von keltischem Ursprung und bretonischer Materie, die Abenteuer Parzivals und der Amadis und wer weiß, wieviele ozeanische und Seefahrermotive in lusitanischen Erzählungen verarbeitet, assimiliert und über die ganze romanische Welt verbreitet worden sind..."
Das ging mir durch den Kopf, als ich an die tiefe Verwurzelung dieser Menschen mit ihrer heimischen Scholle und ihre lange Verbindung mit den Reben, aber auch an ihr schönes Gleichgewicht beim Genuß des Rebensaftes dachte. Tragen diese Eindrücke nicht zu dem süßen „Verweile doch!", das von dem „Garten Europas" ausgeht, bei?
Doch genug der Gedanken! Nichts ist einfacher, als es damit auf einer Fahrt zu der berühmten „Feira de Golegã" sein Bewenden haben zu lassen. Wir durchfuhren die geheimnisvollen „lezirias" (Flußwiesen, die bei Schneeschmelze in den Bergen oder bei Frühjahrsregen überschwemmt werden) flußaufwärts am Tejo.
Es ist eine eigenartige Landschaft, die vielleicht ein Wort von Oliveira Martins erklärt: „Mit dem Tejo umarmt das maritime Portugal das landwirtschaftliche und schmilzt so die beiden typischen Physiognomien der Nation zusammen." Nachdem wir den Markt in Golegã und die edlen Pferde, die von ihren Besitzern unter dem Sattel oder vor dem Wagen vorgeführt wurden, genügend bewundert hatten, folgten wir der Einladung von Manuel dos Santos in sein, an diesem Tage festliches, Haus.
Einige Bekannte und ein großer Kreis von grundverschiedenen Gästen begrüßte uns, und Manuel und seine junge Frau versorgten uns fortan mit immer neuen Leckerbissen und machten uns mit den vollmundigen Weinen der Region bekannt.
Nie zuvor hatte ich die – sonst so gesetzten – Portugiesen so heiter und so ungezwungen gesehen, wie in diesem gastlichen Haus. Meiner eigenen Begeisterung über die zahlreichen, mir bisher unbekannten Gerichte, die uns angeboten wurden, stimmte ein älterer, wohl dem diplomatischen Korps angehöriger Herr, der neben mir Platz genommen hatte, ebenfalls zu.
„Sim, sim, minha senhora! Die gepflegte Küche in unserem Land und die großzügige Art, in der sie meine Landsleute oftmals anbieten, hat schon manchmal Wunder bewirkt. Unsere alten Diplomaten wußten sehr gut, wie man eine vorteilhafte *ambiência* hervorruft!

Als unsere Infantin D. Eleonore 1451 Kaiser Friedrich III., des Römischen Reichs, seit 1442 ‚Deutscher Nation', in Italien heiratete, hielt der Marquês de Valença, der begleitende Botschafter, die ungeordneten Hochzeitstafeln und das ganze Durcheinander seiner Infantin nicht für würdig, ja für ein wenig gefährlich. So gab er viele tausend Dukaten aus, um den deutschen und italienischen Hochzeitsgästen zu zeigen, wie man in seinem Lande zu tafeln gewohnt sei. Bei diesem Mahl nahm jeder in seiner Familie – darunter verstand man die, die mit ihm lebten und ihm dienten –, aber auch der Adel, die Ritter, die Herolde, den ihm gehörigen Platz ein. Ebenso geregelt war auch der Eintritt der acht auserlesenen Gänge und selbst als Früchte, Konfekt und edle Weine aus Portugal gereicht wurden, spielten die Schalmeien.
Sicher ein angemesseneres Klima für eine Hochzeitstafel als an den mangelhaft gedeckten Tafeln der Italiener, auf denen nur eine Schüssel Fleisch für alle und Brot in Scheiben gereicht wurde.
Auch das berühmte Mahl, das der portugiesische Botschafter in Brüssel auf Wunsch unseres Königs D. João 111. – aus Anlaß der Geburt eines heißersehnten Infanten – für Kaiser Karl V., den Onkel des Neugeborenen, zu geben hatte, ging mit der gleichen vornehmen Tafelordnung vor sich. Die köstlichen Leckerbissen, die eigens mit einer Karawelle aus Portugal gekommen waren, wurden auf Tafeln, die mit kostbar bestickten Linnen bedeckt waren, gereicht. Honig aus Evora, rosa Zucker von Madeira, Pfirsiche von Montemor, Feigen mit Mandeln gefüllt aus dem Algarve und Oliven von Elvas füllten Schalen und silberne Körbe, die im Schein der feierlichen Fackeln schimmerten, welche von in Samt gekleideten portugiesischen ‚porteiros' in Händen gehalten wurden."
„Früchte und Wein haben es uns schon immer angetan!" mischte sich ein anderer Gast ins Gespräch. „Sie haben durchaus recht", bestätigte der Diplomat freundlich. „Früchte und Wein waren im Mittelalter die Abendmahlzeit am Königshof. Später ging man auch zu getrockneten Früchten wie Feigen, Rosinen, Nüssen und Mandeln über. Wir hatten ja auch die schmackhaftesten Früchte in unserem Lande, nur kennt heute niemand mehr die Namen. Keiner weiß, was das für Birnen waren, die man „Rebhuhnfuß" oder „Fetter Lump" nannte.
Und bedenken Sie, welche Fülle unser Land hervorbrachte: Feigen aus dem Algarve, Pflaumen von Borba, Estremoz und Evora; Setubal sandte Orangen, Zitronen und Tangerinen, Obidos war für seine Sauerkirschen und Portos Umgebung für die besten Nüsse bekannt. Heute haben wir außerdem die Ananas von den Azoren und die Bananen von Madeira!"
„Und vergessen Sie nicht die herrlichen Pfirsiche, das Erbe der Mönche von Alcobaça!" rief Manuel, der hinzugetreten war.
„Não! Pelo contrário. Im Gegenteil! Ich wollte gerade noch einmal darauf hinweisen, daß die Mönche des Heiligen Bernhard ja nicht nur gute Landwirte und Gärtner waren, sondern die Gottesgaben auch zuzubereiten wußten. Aber noch einen Abt muß ich erwähnen, der in dem Jahr zur Welt kam, als Portugal seine Klöster auflöste: der Abt von Priscos, 1834 geboren, welcher wohl einer der größten Köche des 19. Jahrhunderts

in Portugal war. Der Ruf seiner Kochkunst ging weit über seinen geistlichen Wirkungskreis hinaus. Die großen Banketts, zu deren Bereitung man ihn berief, erhöhten den Ruf seiner Kochkunst und seines sublimen Geschmacks von Mal zu Mal. So vollendet er den Stil der französischen Küche beherrschte, so war er doch durchaus mit der Landesküche vertraut, und er wußte ihr stets den rechten Platz zu geben. Es amüsierte ihn, wenn er las, daß englische Gastgeber in Smoking und Abendkleid bei einem Abendessen, das der portugiesischen Küche galt, das Menü mit einem *caldo verde* beginnen ließen! Über solche Geschmacksirrungen konnte dieser große Kenner der Kochkunst nur lächeln..."

„Aber leider", so äußerte sich Francisco Lage – selbst so vertraut mit der portugiesischen Kochkunst – „ging auch der Abt von Priscos, wie andere Kenner der Kochkunst vor und nach ihm, in das Reich der Schatten ohne die wesentlichen Grundlagen für einen nationalen Stil der portugiesischen Küche zu schaffen..."

Diesen Wunsch vertrat daher auch die „Sociedade Portuguesa de Gastronomia." „Sie waren doch sicher ein Mitglied dieses illustren Kreises!" wagte ich einzuwerfen.

„Von 1933 bis zu ihrem frühen Ende im Jahre 1935. Und ich besitze sogar noch einige Menükarten von den ausgesuchten Mahlzeiten, die uns der Gründer, der große Feinschmecker António Bello, gegeben hat, ebenso wie Exemplare des Abts von Priscos... Wenn es Sie interessiert..." Und er lächelte mich freundlich an. Leider war es nun Zeit zum Aufbruch, denn wir hatten noch einen weiten Weg vor uns.

Die Leser werden ermessen, welche Freude mir die Menükarten, die einige Tage später eintrafen, bereitet haben. Hier sind sie:

Menü

SUPPE
Kraftbrühe nach der Prinzessin

HORS D'OEUVRE
Kleine Becherförmchen von Wildbret nach Piemonter Art
Fische nach Art von Portugal

EINGANGSGERICHT
Ochsenfilet nach dem Abt von Priscos
Entenkeulen, garniert

RELEVES
Gänseleber nach Art der Provinz
Frühlingsschinken
Rollpastete von Huhn mit Trüffeln
Punsch romaine

BRATEN
Große aufgestellte Stücke
Truthenne mit Kresse

GEMÜSE
Stangenspargel

KLEINES ZWISCHENGERICHT
Verschiedene Puddinge
Fruchtgelee
Biskuit und verschiedene Früchte

WEINE
Landweine – Xeres – Madeira – Bordeaux – Haut Sauternes – Champagne – Porto – Kaffee – Likör

---

Dieses Bankett wurde durch den Abt von Priscos für S.K. Hoheit D. Luis I. und die Kgl. Familie am 20. Oktober 1887 im Palast des Grafen von Margeride in Guimarãs bereitet.

Menü

POTAGE
Consommé à la Princesse

HORS D'OEUVRE
Petits timbales de gibier à la Piemontaine
Poisson a la Portugaise

ENTRÉES
Filets de boeuf à l'Abbé de Priscos
Caisseaux de Canard, garnis
Fruits de pintades au Prince de Beira

RELEVES
Foies gràs à la Province
Jambon à la Printanière
Galantine de poulets aux truffes
Punch Romaine

RÔTIS
Grosses pièces montées
Dinde au cresson

LEGUMES
Asperges de branches

ENTREMETS SUCRÉS
Puddings divers
Gelée au fruit
Biscuits et fruits divers

VINS
Vin de pays – Xeres – Madeira – Bordeux – Haut Sauternes – Champagne – Porto – Café – Liqueurs

Banquete preparado pelo Abade de Priscos para EL-REI D. LUIS I. e Familia Real, no dia 20 Outubro de 1887, no palacete do Conde de Margaride, em Guimarães.

Menü

SUPPE
Rebhuhn-Kraftbrühe nach dem Abbé von Priscos

HORS D'OEUVRE
Kleine Wildpasteten nach Prinz Charles
Fische nach Póvoa de Varzim

EINGANGSGERICHT
Lendenstück von glasiertem Rind nach dem Abt von Priscos
Ragout von gebratenen Wachteln mit Périgord-Trüffeln

RELEVES
Getrüffelte Straßburger Gänseleberpastete nach Prinzessin Amélie
Frühlingsschinken
Lebersulzbrot nach der „Schönen Gärtnerin"
Punsch romaine

BRATEN
Große Stücke auf Brotsockel
Truthenne mit Kresse

KLEINES ZWISCHENGERICHT
Gemischter mit Gelée umgebener Salat
Trüffeln à Mirepois

KLEINE GEZUCKERTE ZWISCHENGERICHTE
Erdbeergelee Belle-vue
Bretonischer Schokoladenkuchen
Große aufgestellte Stücke

WEINE
Jerez, Madeira, Haut Sauternes, Collares, Bordeaux, Porto, Champagne

KAFFEE UND LIKÖRE

Dieses Bankett wurde von dem Abt von Priscos für S. K. Hoheit D. Luis I. und seine Familie am 3. Oktober 1887 in Povoa de Varzim bereitet.

Menü

POTAGE
Consommé de Perdrix à l'Abbé de Priscos

HORS D'OEUVRE
Petits patés de Gibier à la Prince Charles
Poissons à la Póvoa de Varzim

ENTREE
Filets de boeuf glacés, à l'Abbé de Priscos
Salmis de Cailles aux truffes de Périgord

RELEVES
Foies Gras de Strasbourg truffés à la Princesse Amélie
Jambon à la Printanière
Pains de foie à la Jardinière
Punch glacé à la Romaine

ROTI
Grosses pieces sur socles
Dinde au cresson

ENTREMETS DE LÉGUMES
Salade de Macédoine, bordure de gelée
Truffes à Mirepois

ENTREMETS SUCRÉS
Gelée aux fraises en belle vue
Gateau Breton au chocolat
Grosses pieces montées

VINS
Jerez, Madeira, Haut Sauternes, Collares, Bordeaux, Porto Champagne

CAFÉ ET LIQUEURS

Banquete preparado pelo Abade de Priscos para EL-REI D. Luis I. e Familia Real, no dia 3 de Outubro de 1887, na Póvoa de Varzim

Frühstück

Verschiedene Vorspeisen
(Trockener Madeira von particular)

Torte nach Art von Viana mit Krabben gefüllt
(Weißer Aguieira –
Alter Roter Aguieira von 1923 – 25)

Geräucherte Schweinezunge mit Erbsen nach
portugiesischer Art
Tomatensauce

Putenklein und Kroketten von Reis
mit den Innereien der Pute

Käse von S. Miguel, wie Crème Suisse,
aus Vale Cambra und Lusitano

Neunaugen von Eiern nach Art von Abrantes
Kuchen nach Art von Tomar
Erdbeeren mit Orangensaft und Kirsch

Kaffee aus den Kolonien
Cognac – Aguardente

---

26. Mai 1935

Almôço

Aperitivos variados
(Madeira seco particular)

Torta de Viana recheado com camerão
(Branco Aguieira Velho
Tinto Aguieira 1923 – 25)

Ervilhas guisadas à portuguesa
com linguas de porco fumadas
Molho de tomate

Peruas de cabidela
Croquetes de arroz de miudos das mesmas

Queijo S. Miguel – Tipo Crème Suisse
Vale de Cambra e Lusitano

Lampreia de ovos de Abrantes
Bolos da Cama de de Tomar
Morangos com sumo de laranja e Kirsch

Café colonial
Cognac – Aguardente –

26 de mai 1935

Frühstück

Austern von Montijo
(Madeira Pilar von 1905)

Langusten auf portugiesische Art
mit Weißem Reis
(Weißwein vom Strand von Salvaterra von 1933)

Blumenkohlpudding mit
Sauce von Brunnenkressesaft
Huhn von Penafiel mit trockenem Porto
(Rotwein – Clarete Reserve 1928
von der Quinta da Cerejeiras in Bombarral)

Pikanter Käse von Castelo Branco
(Porto Ferreirinha 1877)
Biskuitkuchen mit Erdbeercreme
und Schokoladensauce
Früchte der Jahreszeit

Kaffee Colonial
Ginjalikör A.P. de Fonseca
Branntwein Madeira XXX

18. Nov. 1934

Almôço

Ostras de Montijo
(Madeira Pilar de 1905)

Lagosta à portuguesa
com Arroz branco
(Vinho branco do areaia de Salvaterra de 1933)

Couve-flor em pudim com
Molho de suco de agriões
Frango de Penafiel, estufado com Porto seco
(Vinho tinto, Clarete, Reserva 1928 Quinta das Cerejeiras
Bombarral)

Queijo picante de Castelo Branco
(Porto Ferreirinha 1877)
Bolo de biscoitos com doce de morangos
e molho de chocolate
Frutas de estação

Café Colonial
Licor de Ginja – A. P. de Fonseca
Aguardente Madeira XXX

18. Nov. 1934

Frühstück

Portugiesische Hühnersuppe
(Madeira, alt, trocken – Blandy)

Caldeirada von Krebstieren
(Bucelas Camilo Alves 1933)
Roher Schinken von Chaves
mit dicken Bohnen

Filet vom Schwein, gebraten
(Colares Ramisco Salreu 1932)
Neue Kartöffelchen
Gedünsteter Spinat

Camembert-Käse aus Portugal
(Porto Pyramid)

Süßigkeiten aus dem Algarve

Kaffee aus den Kolonien
Aguardente Constantino – Cherry Brandy, portugiesisch
Sta. Maria

7. April 1935

Almôço

Canja portuguesa
(Madeira verdelho seco. Blandy)

Marisco de caldeirada
(Bucelas Camilo Alves 1933)
Favas guisadas com presunto
de Chaves

Lombinhos de porco assado assados
(Colares Ramisco Salreu 1932)
Batatinhos novas
Espinafres estufados

Qeijo tipo Camembert
(Porto Pyramid)
Doces regionais algarvios
Dom Rodrigo – Morgados

Café Colonial
Aguardente Constantino – Cherry Brandy nacional Sta. Maria

7. April 1935

Suppen

Sopas

Eine Mahlzeit ohne Suppe ist für den Portugiesen keine komplette Mahlzeit, aber manchmal ist die *sopa* ein ganzes Essen aus mehreren Gängen, wie zum Beispiel bei dem Nationalgericht, dem „cozido português". Da erscheint zuerst die Fleischbrühe, und dann folgt ein Stilleben aus den Fleischzutaten und den verschiedenen Gemüsen, mit denen diese prachtvolle Suppe gekocht worden ist. Nicht jede *sopa* ist jedoch Suppe, denn *sopa* heißt auch das Brot, das in die Brühe getunkt wird. Und damit kommen wir zu den Brühen, den *caldos,* die keineswegs immer auf Fleisch basieren. Es gibt einen „caldo de peixe", eine gute Fischbrühe, und der berühmte „caldo verde" ist eine gesunde, schmackhafte Brühe aus haarfein gehobeltem Kohl und Kartoffeln. In der großen Familie der *caldeiradas* ist die „caldeirada à fragateira" Portugals väterliches Erbe. Jeder Ort an der ausgedehnten Küste hat sein eigenes Rezept. Bei der Zubereitung haben die Männer mitzureden, denn sie glauben sich auf die Harmonie der verschiedenen Fischsorten besser zu verstehen als die Frauen!
Die Vierte im Bunde der großen portugiesischen Suppen ist die *canja,* die Hühnersuppe mit Reis, die der Dichter Ramalho Ortigão mit dem manuelischen Stil Portugals verglichen hat. Auch sie sei „eine Schöpfung aus asiatischer Inspiration und der gotischen Tradition des Mutterlandes", wie vieles im Gefolge der großen Entdeckungsreisen. Und die Moral von der Geschicht? Sollte Ihnen der Wirt eines kleinen Lokals nach alter Sitte noch ein Süppchen zur Magenfüllung anbieten (Quer mais uma sopinha, Vossa Excelência?), so sagen Sie nicht nein!

Hühnersuppe auf alte Art

Sopa de galinha à moda antiga

1 Suppenhuhn, 125 g fetter Räucherspeck, 100 g Reis, 1 Zwiebel, Petersilie, Salz, Pfeffer, etwa 1 1/2 l Wasser, 1 Eigelb

Das vorbereitete Huhn zusammen mit Hühnerklein, Räucherspeck, Petersilie und Zwiebel 2 Stunden auf kleiner Flamme kochen lassen. Die Brühe durchgießen, das Fleisch kleinschneiden und mit dem gewaschenen Reis in die Suppe geben. 20 Minuten auf kleiner Flamme kochen. Das Eigelb mit etwas Suppe verquirlen und in die vom Herd genommene Suppe rühren.

Gaspacho alentejano

1 kleine Gurke, 1 rote und 1 grüne Paprikaschote, 1 Tomate, 1 spanische Pfefferschote, einige Blättchen wilder Majoran (origanum majorana), 1 Knoblauchzehe, 7 EL Olivenöl, 1 EL Essig, 4 Scheiben Weißbrot, Salz, Pfeffer.

Gaspacho auf alentejanische Art

Knoblauch mit einem Teelöffel Salz und einigen Tropfen Olivenöl im Porzellanmörser verreiben, mit dem restlichen Öl, der zerdrückten spanischen Pfefferschote und dem Majoran in eine Suppenschüssel geben, mit einem Liter Wasser auffüllen. Gurke und entkernte Paprikaschoten waschen, Tomate abhäuten, alles in Scheiben schneiden. In jeden Suppenteller eine Scheibe Weißbrot und einige Gemüsescheiben geben. Kurz vor dem Anrichten die kalte Suppe mit Salz und Essig abschmecken und auf das Weißbrot und die Gemüsescheiben gießen. Im Sommer ein Stückchen Eis zufügen.

Sopa de castanhas

300 g Kastanien, 100 g Brotkrumen, 30 g Butter, 1 l Fleischbrühe

Kastaniensuppe

Kastanien schälen, mit kochendem Wasser abbrühen, die innere Haut abziehen und die Kastanien in der Fleischbrühe gar kochen. Einige Kastanien zurückbehalten, den Rest durch ein Sieb in die Suppe drücken. Einige Minuten mit den Brotkrumen kochen lassen. Mit Salz und Pfeffer abschmecken, die ganzen Kastanien zugeben. Kurz vor dem Anrichten die Suppe mit Butter verfeinern.

Sopa de batatas com agriões

500 g Kartoffeln, 2 EL Olivenöl, 1 Bündchen Brunnenkresse, Salz, 1 l Wasser, evtl. 1 Eigelb und 2 EL Milch

Kartoffelsuppe mit Brunnenkresse

Kartoffeln schälen, klein schneiden, in Wasser – nach Belieben in Fleischbrühe – gar kochen, mit Salz abschmecken. Brunnenkresse waschen und klein schneiden. Die Kartoffelsuppe durch ein Sieb passieren und die Brunnenkresse zufügen. Kurz vor dem Anrichten das Olivenöl hineingeben und die Suppe noch einige Minuten kochen lassen. Die Kartoffelsuppe kann auch mit einem in Milch verrührten Eigelb legiert werden.

Sopa de agriões

1 1/2 l Fleischbrühe, 3-4 Kartoffeln, 1 Bund Brunnenkresse, Salz, 4 Eidotter, 1 Tasse Milch, 1 TL Butter

1 1/2 l Wasser, 3-4 Kartoffeln, 1 Bund Brunnenkresse, Salz, 1 dl Olivenöl, 1 EL geriebenen Parmesankäse

Brunnenkressesuppe

Eine sehr beliebte Suppe in Portugal, die auf feinere oder einfachere Weise bereitet werden kann.

Geriebene rohe Kartoffeln in 1 1/2 Liter Fleischbrühe weich kochen, durch ein Sieb streichen, die durchgeseihte Suppe auf kleiner Flamme ziehen lassen. Kurz vor dem Anrichten eine Handvoll kleiner, abgezupfter Brunnenkresseblätter einstreuen, mit Salz abschmecken. In der Terrine 4 Eidotter mit einer Tasse warmer Milch verrühren, einen Teelöffel Butter unterziehen, mit der heißen Suppe unter dauerndem Rühren auffüllen und heiß servieren.

Auf einfache Art die roh geriebenen Kartoffeln in Wasser kochen, einen Schuß Olivenöl zugeben, weiter kochen, Brunnenkresseblätter unterziehen, mit Salz abschmecken und einen Eßlöffel geriebenen Parmesankäse überstreuen. In kleinen Schüsseln reichen.

Die klassische portugiesische Tagessuppe

Caldo verde

500 g Kohl, 250 g Kartoffeln, 2 EL Olivenöl, Salz, Pfeffer, 1 l Wasser

Geschälte Kartoffeln in Wasser gar kochen, durch ein Sieb drücken, mit Salz und Pfeffer abschmecken.
Zarte Kohlblätter von den Rippen befreien, aufeinanderlegen, zu einer festen Rolle zusammenrollen. Mit einem scharfen Messer haarfeine Scheibchen abschneiden. Die Kohlstreifen mehrfach in frischem Wasser waschen.
10 Minuten vor dem Anrichten die gut ausgedrückten Kohlstreifchen und das Olivenöl in die Kartoffelbrühe geben, bei offenem Topf mitkochen lassen.
In Norden Portugals nimmt man zu dieser Suppe, die im ganzen Lande fast täglich gegessen wird, „couve galega", doch eignen sich auch die Blätter vom „couve portuguesa" sowie jede Art zarter Kohl- oder Rübkohlblätter für diese Suppe.

Krabbensuppe

Sopa de camarões

500 g Krabben, 1 Zwiebel, 1 Knoblauchzehe, 1/2 Lorbeerblatt, Petersilie, 80 g Sauerampferblätter, 2 EL Olivenöl, 1 EL Mehl, 4 Scheiben Weißbrot, Salz, Pfeffer, 1 l Wasser

Gut gewaschene Krabben in schwach gesalzenem Wasser abkochen, herausnehmen, aus den Schalen schälen, warm stellen. Schalen unter Beigabe von etwas Kochwasser in einem Durchschlag ausdrücken, den Saft zum Kochwasser geben. Eine klein geschnittene Zwiebel, eine zerdrückte Knoblauchzehe in Olivenöl glasig werden lassen, einen Liter durchgeseihtes Kochwasser auffüllen, gewaschene, von den Stengeln befreite und klein geschnittene Sauerampferblätter einlegen, 10 Minuten kochen lassen. Die Suppe mit Mehl andicken, die ausgeschalten Krabben hineingeben, weitere 5 Minuten ziehen lassen. Mit Pfeffer und Salz abschmecken und über getoasteten Weißbrotscheiben anrichten.

Suppe aus Kichererbsen mit Spinat

Sopa de grão com espinafres

500 g Kichererbsen, 1 Mohrrübe, 2 Zwiebeln, 300 g Spinat, 2 EL Olivenöl oder 50 g Butter, Salz, Pfeffer, Petersilie, 1 l Wasser

Die Kichererbsen über Nacht einweichen, mit frischem Wasser unter Beigabe einer klein geschnittenen Mohrrübe, einer Zwiebel in Olivenöl oder 50 g Butter anbräunen, mit der durchgeseihten Erbsenbrühe auffüllen. Spinat mehrfach waschen, ausdrücken, fein hacken, in die Erbsenbrühe geben, aufkochen lassen. Mit Salz und Pfeffer abschmecken. Man reicht in Portugal in Scheiben geschnittene harte Eier zu dieser Suppe.

Sopa de Tomate à alentejana

300 g Tomaten, 1 große Zwiebel, 1 gehäufter EL Schmalz oder 2 EL Olivenöl, 4 Eier, 4 Schnitten Weißbrot, Salz, Pfeffer, 1 EL Essig, 1 l Wasser

Tomatensuppe auf alentejanische Art

Zwiebelscheiben in Schmalz oder Olivenöl glasig dünsten. Tomaten abhäuten, in Scheiben schneiden, zu den Zwiebelscheiben geben, weich schmoren lassen. Siedendes Wasser aufgießen, mit Salz und Pfeffer abschmecken, die Suppe noch 15 Minuten kochen lassen. Vier Eier in siedendem Essigwasser pochieren, warm stellen. Kurz vor dem Anrichten in jeden Suppenteller eine Schnitte Weißbrot und ein pochiertes Ei geben, mit der heißen Tomatensuppe auffüllen.
Im Alentejo reicht man hierzu „paio“, eine Art Rollschinken, oder Scheiben von durchwachsenem Speck.

Sopa de cebolas à alentejana

100 g Zwiebeln, 4 Eier, 50 g durchwachsener Speck, 3 EL Olivenöl, 4 Scheiben Weißbrot, Salz, Pfeffer, Petersilie oder Korianderblättchen, 1 l Wasser oder Fleischbrühe

Zwiebelsuppe auf alentejanische Art

Zwiebeln in gleichmäßig feine Scheiben schneiden, die Scheiben in Olivenöl glasig werden lassen, mit Wasser oder Fleischbrühe auffüllen. Vier Eier in der kochenden Brühe pochieren. Den Speck gesondert abkochen, in feine Scheiben schneiden. Auf jeden Suppenteller eine Scheibe Weißbrot, darauf ein pochiertes Ei und eine Scheibe Speck geben. Die Brühe mit Salz und Pfeffer abschmecken, auf die Teller gießen. Mit Petersilie oder Korianderblättchen überstreuen.

Fische und Schalentiere

Peixe, Crustáceos e Mariscos

Seit Jahrhunderten gehören die Portugiesen zu den erfahrensten Fischern der Welt. Kein Wunder, daß sie auch gute Fischköche sind. Ihre vielen Fischgerichte drücken auch den starken Individualismus dieses Volkes aus: in jedem kleinen Hafen Portugals wird die *caldeirada* mit anderen Fischen und anderen Zutaten gekocht. Die größte Vielseitigkeit herrscht aber bei der Zubereitung des „fiel amigos", des Stockfisches. Ja früher, als Portugal noch eine große Stockfischflotte hatte, die Jahr um Jahr in die nordischen Gewässer ausfuhr, um den Kabeljau zu fangen, der später gesalzen und getrocknet als *bacalhau* auf den portugiesischen Märkten erschien, da konnte sich auch der Ärmste dieses geliebte Essen – und sei es auch nur mit Essig und Öl gewürzt – leisten, das dem Wohlhabenderen in 150 verschiedenen Zubereitungen vorgesetzt wurde. Aber heute ist aus dieser billigen Stapelware ein nicht gerade billiger Leckerbissen geworden. Mit großer Vorliebe haben die Portugiesen seither die kleinen Sardinen verspeist, zwar nicht in Öl, wie wir es gewöhnt sind, sondern frisch geröstet mit einer ebenfalls gerösteten Pfefferschote und einem Glas einfachen, aber guten Landwein.

Doch erst die Beschreibung eines portugiesischen Fischmarktes würde die ganze Fülle von Fischen aufzeigen, die der portugiesischen Küche zur Verfügung stehen.

Bei diesem Angebot von Seefischen treten die Süßwasserfische zurück, aber die Lachse und die Neunaugen (lampreias), die am Anfang des Winters aus dem Meer die Flüsse hinaufsteigen, um zu laichen, sind wahrhaftige „Lampreten". Fast noch delikater ist das Fleisch des *sável,* einer Alse, die es den Neunaugen gleichtut und vom Januar bis in den April in den nördlichen Flüssen Portugals erscheint.

Nachfolgend erzählt Eça de Queiroz, was die Portugiesen an einem Geburtstagsfest über den *sável* zu sagen haben . . .

Das Geburtstagsfest

„. . . Aber hier im Gebirge ist es unmöglich frische Fische zu beschaffen, nicht einmal gegen Gold, man muß sich mit Salz- oder Stockfisch begnügen!“ So entschuldigte sich die Tante Vincência vorsorglich bei Jacinto. Der vortreffliche Rojao erinnerte sich nun daran, daß D. Jacinto doch einen langen Streifen am Douro mit dem Privileg für den Fischfang auf den Sàvel besitzen müsse, aber Jacinto wußte nichts davon, noch konnte er sich vorstellen, daß er Sáveis (Alsen) hätte.

Darüber war wieder Dr. Alípio nicht erstaunt, denn der Fischfang sei ja schon vor zwanzig Jahren, also noch zur Jugendzeit von D. Jacinto, an den brasilianischen Cunha verkauft worden! Und heute, meinte nun D. Teotónio, sei der Fischfang keine 2000 Réis mehr wert, denn es gäbe ja kaum noch Sáveis!

Und um diesen Sável ergingen sich die Nächstsitzenden rund um den Tisch nun in kleinen ländlichen Gesprächen, was die Damen benutzten, um bei diesem zeremoniellen Stillschweigen, das bis zu den gebratenen Hühnern über dem Tisch lastete, zu tuscheln.

Eça de Queiroz, *Die Stadt und das Gebirge*

Enguias à moda de Aveiro

12 mittlere Aale, 1 Glas Olivenöl, 1 Glas Weißwein, 1/2 Glas Weinessig, 1 Knoblauchzehe, 1 Lorbeerblatt, 1 g Pfeffer, 1 TL süße Paprika, Salz

Aale nach Art von Aveiro

Diese jungen Aale, die zeitweise gefangen werden, schmecken sehr delikat. Zwölf mittlere Aale säubern, ohne die Haut abzuziehen. Sie werden zu einer 8 verschlungen, die Zähne in den Schwanz eingehakt und mit einer zerteilten Knoblauchzehe in Olivenöl gebraten. Die Aale herausnehmen, warm stellen. Den erkalteten Bratensatz mit einem Lorbeerblatt, einem Teelöffel Paprika, einem Glas Weißwein, einem halben Glas Weinessig mischen und mit Pfeffer und Salz abschmecken. Die Marinade gut umrühren, einige Zeit stehen lassen, durch ein Sieb geben. Die Aale einlegen und zwölf Stunden marinieren lassen.

Caldeirada de Enguias

600 g kleine Aale, 50 g frischer Speck, 400 g Kartoffeln, 1 Zwiebel, 1 Lorbeerblatt, Petersilie, 1 Messerspitze gemahlener Ingwer, 4 Pfefferkörner, 1 EL Weinessig, 1 l Wasser

Aalgericht aus Aveiro

Kartoffeln schälen, in Scheiben schneiden, knapp mit Wasser bedeckt aufsetzen, mit Zwiebelringen, Lorbeerblatt, Knoblauchzehe, Petersilie 10 Minuten kochen lassen. Aale häuten, säubern, in kleine Stücke schneiden, mit Speck, einer Messerspitze Ingwer und Pfefferkörnern zu den Kartoffeln geben. 15 Minuten auf kleiner Flamme sieden lassen. Kurz vor dem Anrichten den Speck herausnehmen, ganz fein gehackt in die Brühe zurückgeben, und das Ganze mit Salz, Pfeffer und Weinessig würzen. Das Gericht wird in dem irdenen Topf, in dem es gekocht wurde, aufgetragen.

Alse oder Maifisch

Sável do Minho

Der Maifisch gehört zu den Fischen, die im Frühjahr aus dem Meer in die portugiesischen Ströme aufsteigen, um dort zu laichen. Dieser bis zu 60 cm lange Fisch mit dem dunklen Rücken, den blauen Seiten und dem silbernen Bauch ist sehr grätenreich, hat aber ein delikates Fleisch. Wie sich aus alten portugiesischen Kochbüchern ergibt, muß dieser sehr beliebte Fisch früher häufig vorgekommen sein, heute sieht man ihn, wegen der zunehmenden Verschmutzung der Flüsse, seltener.
Geben Sie bei Ihrem Einkauf einen mittelgroßen, fetten Fisch, der noch nicht abgelaicht hat, den Vorzug, da auch der Rogen des Sável schmackhaft ist.

Alse gebraten mit Sauerampfer-Purée

Sável frito com purée de azedas

1 Fisch mit ca. 700 g Fischfleisch (ohne den Laich), Butter zum Braten und für die Einschnitte Petersilie, Schnittlauch, Kerbel, Salz, Pfeffer

Den Fisch schuppen, ausnehmen, mehrfach waschen. Eine Viertelstunde in Butter anbraten, salzen, pfeffern. An beiden Seiten kleine Einschnitte machen, die mit fein geschnittenen Kräutern und Butter gefüllt werden. Den Fisch in geöltes Papier wickeln, in nicht zu heißem Ofen garwerden lassen. Vor dem Anrichten den Kopf ablösen und die anhängende Mittelgräte herausziehen.

Brotbrei von Alsen

Açorda de Sável

1 Alse mit Rogen, ca. 700 g Fischfleisch, Butter, Zitronen, Korianderstengel, Knoblauchzehen, Petersilie, Oliven, Paprikaschote

Die Alse schuppen, ausnehmen, den Rogen kalt stellen, waschen. Den Fisch in feine, von der Mittelgräte schräge, Scheiben schneiden, Kopf und Schwanz ablösen.
Die Scheiben salzen, pfeffern, mit Zitronensaft beträufeln, zerschnittenen Knoblauch überstreuen, zudecken und kalt stellen.
Kopf uns Schwanz zusammen mit einigen Korianderstengeln aufsetzen (gut mit Wasser bedeckt) garkochen. Fischbrühe durch ein Sieb gießen. Das Fischfleisch vom Kopf und Schwanz ablösen, von Haut und Gräten säubern.
Den gesäuberten, zerbröckelten Rogen in der Fischbrühe garkochen, die Fischstückchen vom Kopf und Schwanz zugeben.
Vier Scheiben Brot einweichen, ausdrücken, in die Fischbrühe geben, verrühren, außerdem 1-3 zerdrückte Knoblauchzehen, einen Eßlöffel Olivenöl, einen Eßlöffel zerhackte Paprikaschote zugeben, alles verrühren und nach und nach drei gut verrührte Eigelb einlaufen lassen, verrühren bis sich die Masse vom Topf löst.
Die mit Kuchenpapier abgetupften Fischscheiben in Butter gar braten, in die Mitte einer heißen Schüssel legen, die Brotmasse ringsherum geben. Mit Oliven, Petersilie und Zitronenvierteln dekorieren. Hierzu grünen Salat reichen.

Rogen von der Alse

Gut gesäuberten und gewässerten Rogen von Alsen in Butter schmoren, mit einigen Tropfen Zitronensaft beträufeln, mit Salz abschmecken. Kurz vor dem Anrichten mit brauner Butter begießen, Petersilie überstreuen und mit Orangenvierteln umlegen.

Ovos do Sável

Harte Eier von Alsen; 3-4 für ein Vorgericht, Butter, Zitronensaft, Petersilie, Salz

Alse in Marinade

Den Fisch säubern, salzen. Einen Fischsud (siehe Rezept S. 70) bereiten und 30 Minuten kochen lassen. Den sauber gewaschenen Fisch in den leicht abgekühlten Sud einlegen und auf kleiner Flamme mehr ziehen, als kochen lassen. Den gut abgetropften Fisch in die heiße Marinade – siehe Rezept – einlegen und 2-3 Tage marinieren lassen.

Sável em escabeche

1 mittelgroßer Fisch, ca. 1 kg für 4 Personen, Fischsud, Fischmarinade, Salz

Gefüllte Austern auf Lissabonner Art

Austernschalen öffnen und Austern herausnehmen. Feingehackte Zwiebel in Butter andünsten, Austern beigeben, mit Austernwasser und Milch auffüllen, so daß die Austern bedeckt sind, und eine Minute dünsten lassen. Austern herausnehmen und klein schneiden.

Die Sauce mit Mehl andicken, zwei Eigelb einrühren, mit Salz und Pfeffer abschmecken und die Austern in der Sauce einige Minuten auf kleiner Flamme ziehen, aber nicht mehr kochen lassen. Die Masse in die sauberen Austernschalen füllen, mit geriebenem Weißbrot und Parmesankäse überstreuen, im Ofen gratinieren.

Ostras recheadas á lisboeta

4 Dutzend Austern, 2 Eigelb, 100 g Butter, 1 kleine Zwiebel, 1 EL Mehl, Milch, geriebenes Weißbrot, geriebener Parmesankäse, Salz, Pfeffer

Fischgericht auf alentejanische Art

In einer feuerfesten Form Olivenöl erhitzen und eine Lage Zwiebelscheiben einlegen, die Zwiebelscheiben mit viel gehackter Petersilie, einer zerschnittenen Knoblauchzehe und einigen Korianderblättchen bestreuen. Hierauf eine Lage mit Pfeffer und Salz bestreute Fischfilets oder Fischstücke geben. Nun kommt eine Schicht Kartoffelscheiben und auf diese eine Schicht Tomatenscheiben (die Tomaten müssen vorher abgezogen werden), die mit Olivenöl beträufelt und je nach Geschmack mit Salz, Pfeffer und einer Spur Zucker bestreut werden.

Die Speise muß gut zugedeckt auf kleiner Flamme köcheln bis die Kartoffeln gar sind.

Peixe de cebolada á Alentejana

1 kg Fischfilets oder Fischstücke, Kartoffeln, Zwiebeln, Tomaten, Petersilie, 1 Knoblauchzehe, Korianderblättchen, Olivenöl Salz, Pfeffer, evtl. 1 Lorbeerblatt

Caldeirada à fragateira

Fischgericht

Die portugiesische Version der französischen „Bouillabaisse“.

2-3 Fischköpfe von großen Fischen, ca. 2 kg verschiedene Fische, Muscheln und Krabben und 1 kleine Languste, 3 große Zwiebeln, 250 g Tomaten, 1 Lorbeerblatt, 1 Knoblauchzehe, einige Blättchen Koriander, Saft eines Zitronenviertels, reichlich gehackte Petersilie, Salz, Pfeffer, süßer Paprika, 1/2 Glas Weißwein, Olivenöl, 1 l Wasser

Die Fischköpfe, eine zerschnittene Zwiebel und 1 Lorbeerblatt in Wasser, Weißwein und Zitronensaft auskochen, die Brühe durchseihen, warm stellen. Zwei Zwiebeln schälen, in Scheiben schneiden. Mit der Knoblauchzehe in Öl glasig werden lassen. Abgehäutete Tomaten, Petersilie, Korianderblättchen zugeben, mit der Fischbrühe auffüllen, aufkochen lassen. Sauber vorbereitete Fischstücke – zuerst solche von festerem Fleisch –, abgekochte Krabben, sauber gewaschene Muscheln und die zerschnittene gekochte Languste einlegen. Das Gericht auf kleiner Flamme gar werden lassen. Mit Salz, Pfeffer, süßem Paprika abschmecken. Die Caldeirada in eine Terrine, in die zuvor einige Weißbrotschnitten gelegt wurden, füllen und mit gehackter Petersilie bestreuen.

Zur klassischen Caldeirada gehören in Portugal: Meeräschen, Aale, Seeaale, Knurrhahn, Rotbart oder Meerbarbe, Langusten, Langustinen, Krabben, Miesmuscheln oder andere kleine Muscheln.

Cocção ao court-bouillon

Court-Bouillon für Süßwasser-Fische

Weißwein und Wasser, 1 Glas Branntwein oder Madeira, Zwiebel- und Mohrrübenscheiben, 1 Kräuterbündchen, zumindest Petersilie, Schnittlauch, Nelken, Lorbeerblätter, Knoblauchzehen, Salz, Pfeffer

Wir geben hier eine Anleitung aus einem alten portugiesischen Kochbuch wieder, die aber heute noch im Gebrauch ist.

Zu einer court-bouillon gehört soviel Flüssigkeit, daß die Fische gut bedeckt sind, daß sie „schwimmen können“.

Die eine Hälfte der Flüssigkeit besteht aus Wasser, die andere Hälfte aus Weißwein. In jedem Fall gehört ein Gläschen Branntwein oder Madeira dazu. Ferner fügen wir zu diesem Fischsud noch einige Zwiebel- und Mohrrübenscheiben, 2-3 Lorbeerblätter, 2-3 Nelken, 1-2 Knoblauchzehen, ein Kräuterbündchen und das entsprechende Salz, sowie etwas Pfeffer hinzu.

Alles wird zusammen gekocht, bis das Gemüse gar ist. Erst dann werden die Fische eingelegt und auf kleiner Flamme gar gedünstet.

Eine etwas abgeänderte Vorschrift besagt, daß die Gemüse, einschließlich der Gewürze in Wasser gar gekocht werden, erst dann werden die Weine zugefügt und die Fische eingelegt und auf kleiner Flamme gar gedünstet.

Forellen nach Art von Genua

Pro Person eine mittelgroße Forelle, für vier Portionen ca. ein Kilo Fische.
Lebende Forellen erst kurz vor der Zubereitung durch einen Schlag auf den Kopf töten.
Die Forellen im Wasserbad putzen und ausnehmen, damit die empfindliche Schleimhaut nicht verletzt wird. Mit siedendem Essigwasser übergießen, in court-bouillon, der eine Brotrinde beigefügt war, fast gar dünsten.
In einer Kasserolle Butter zerlassen, einige zerschnittene Pilze, gehackte Petersilie und Schalotten anrösten. Die Brotkruste in ein wenig court-bouillon zerdrücken, durch ein Sieb in die Kasserolle drücken, alles gut mischen.
Die Forellen abtropfen lassen, auf eine heiße Schüssel legen, die Sauce ringsherum geben, gleich servieren.

Trutas à genoveza

4 mittelgroße Forellen, Court-bouillon, 1 Brotkruste, Butter, einige Pilze, Petersilie, Schalotten

Forellen nach Art von Venedig

Vier gleich große Forellen im Wasserbad putzen, ausnehmen. Die Forellen auf einer Schüssel jeweils mit einem Stückchen mit gehackten Kräutern verkneteter Butter füllen, mit feinem Olivenöl begießen und eine halbe Stunde marinieren. Abtropfen lassen und in Brotkrumen, die mit gehackten Kräutern vermischt wurden, mehrfach umwenden.
In einer Pfanne Butter zerlassen, die Forellen einlegen und über schwachem Feuer rösten, mit Orangensaft beträufeln und sofort auf heißer Platte anrichten.

Trutas à veneziana

4 mittelgroße Forellen, Butter, Kräuter, Olivenöl, Brotkrümel, Orangensaft

Forellen kalt

In eine Kasserolle gebe man zwei Teile Olivenöl und drei Teile guten Essig – genügend um 4-6 Forellen zu bedecken – und würze mit einigen Pfefferkörnern, Salz, einer Knoblauchzehe, einem Lorbeerblatt, einer Spur Muskatnuß und gehackter Petersilie.
Die Mischung zum Kochen bringen, die Forellen einlegen. Flamme kleinstellen.
Die fertig gekochten Forellen in der Sauce erkalten lassen. Am nächsten Tag herausnehmen, mit einer kalten Sauce reichen, zum Beispiel mit der „Arme-Leute-Sauce".

Trutas abafadas

4-6 Forellen, Essig, Olivenöl, Pfefferkörner 1 Lorbeerblatt, Knoblauch, Petersilie, Muskatnuß, Salz

Fischmarinade

Weinessig, Weißwein, Wasser in den angegebenen Mengen mischen, Olivenöl unterziehen, Zwiebelringe, Pfefferkörner und Lorbeerblätter zugeben, mit Salz abschmecken und evtl. eine Knoblauchzehe beigeben.
Die Marinade in einer feuerfesten Form 15 Minuten gut durchkochen, damit das Öl mit den übrigen Zutaten eine Bindung eingeht.

Molho de escabeche

1/2 Tasse Weinessig, 1 1/2 Glas Weißwein, 1/2 Tasse Wasser, 15 Pfefferkörner, Ringe von 4 geschälten Zwiebeln, 2 Lorbeerblätter, 1/2 Tasse Olivenöl, 1 Knoblauchzehe, Salz

Croquetes de camarão à lisboeta

500 g Krabben, 2 EL Mehl, 2 EL Butter, 3 Eier, Milch, Salz, Pfeffer, Semmelbrösel, Olivenöl

Krabbenkroketten nach Lissabonner Art

Krabben gut waschen, in leicht gesalzenem Wasser, knapp bedeckt, abkochen, ausschälen. Köpfe und Schalen nochmals im gleichen Sud auskochen, Sud durchgießen. Eine helle Buttermehlschwitze aus zwei Eßlöffeln Mehl und einem Eßlöffel Butter mit zwölf Eßlöffeln halb Milch, halb Krabbensud auffüllen, glatt rühren, mit Salz und Pfeffer abschmecken. Die restliche Butter und die zerschnittenen Krabben zugeben, mit zwei Eigelb legieren, andicken lassen. Kleine Kroketten formen, in Bröseln, zerklopftem Ei und nochmals in Bröseln wenden. Kroketten in siedendem Olivenöl ausbacken. Heiß reichen.

Kleine Kroketten aus allen möglichen Zutaten sind in Portugal äußerst beliebt. Man schnabuliert sie zum Glas Wein oder Bier oder als Beigabe zu Fisch, Fleisch und Gemüse.

Rissóis de camarão

2 EL Butter, 2 EL Mehl, 2-3 Eier, 2 Tassen kalte Milch, Salz, Pfeffer, Zitronensaft, geriebenes Brot, 1 Tasse ausgeschälte Krabben, Pastetenteig, Öl zum Ausbacken

Krabbenpastetchen

Milch, Mehl und Butter auf dem Feuer zu einer dicken Creme rühren, mit Salz, Pfeffer, Zitronensaft abschmecken und Krabben untermischen. Pastetenteig (siehe Seite 122) ausrollen und runde Fleckchen ausstechen. Auf jedes Fleckchen von der Krabbencreme geben, die Hälfte des Teigfleckchens darüberschlagen, so daß ein kleiner Halbmond entsteht. Ränder andrücken. Halbmonde in Ei und Brotbröseln wenden und in Öl backen. Abtropfen lassen, heiß servieren.

Sonhos de camarões

200 g Krabben, 1 Zwiebel, Windbeutelteig, Oliven- oder Erdnußöl zum Backen

Windbeutel mit Krabben gefüllt

Krabben waschen, mit einer Zwiebel in Salzwasser kochen, herausnehmen, ausschälen. Windbeutelteig (siehe Seite 123) statt mit Wasser mit dem durchgesiebten Kochwasser der Krabben bereiten. Krabben unter den Teig mischen. Löffelweise kleine Klößchen in siedendes Öl einlegen und die Windbeutel auf allen Seiten langsam goldbraun backen. Die fertigen Windbeutel auf Löschpapier abtropfen lassen. Mit Petersilie bestreut auf warmer Schüssel reichen.

Lagosta suada de Peniche

2 Langusten von zusammen etwa 1 1/2 bis 2 kg, 100 g Butter, 1/2 Glas Weißwein, 1/2 Glas Portwein, einige Löffel feines Olivenöl, süße Paprika, Petersiliensträußchen, 1 Zwiebel, Salz, Pfeffer

Languste nach Art von Peniche

Peniche ist eine kleine Küstenstadt, die für ihre Hummer und Langusten berühmt ist. Alle portugiesischen Kochbücher sagen: Schneiden Sie ohne zu zögern die lebende Languste der Länge nach auf und teilen Sie die Languste an den Gelenken in passende Stücke.

Eine feuerfeste Form mit Butter ausstreichen. Die in Stücke geteilten Langusten einlegen, darauf achten, daß der abtropfende Saft (das Blut der Languste) ebenfalls in die Form kommt.

Gehackte Zwiebel, Petersilie, süße Paprika, Salz und Pfeffer überstreuen. Weißwein, Portwein sowie einige Löffel Olivenöl darübergießen. Die Form etwas schütteln, damit sich alles gut mischt. Das Gericht auf kleinster Flamme ziehen lassen. Der Deckel muß sehr gut schließen. Nach 45-60 Minuten den Deckel öffnen, abschmecken und heiß in der Form reichen.

Ein Buxelas schmeckt sehr gut dazu.

Salada rica de crustáceos (Lisboa)

2 Langusten (weiblich) von je 500-600 g, 20 Langustinen (kleine Hummer aus dem Mittelmeer), 500 g Krabben, 250 g magerer Schinken, 300 g gekochte Hühnerfilets, 40 g saure Gürkchen, 20 g Kapern, 1 Zitrone, eine leichte Essig-Ölmarinade, 1 TL Senf oder Mostrich, Salz, Pfeffer, evtl. 4-5 Salatherzen.

Zum Dekorieren hartgekochte Eier und Tomaten.

Reicher Salat von Krustentieren

Zwei Langusten eine halbe Stunde in leichtem Salzwasser kochen, in demselben Sud zwanzig Langustinen 10 Minuten und danach 500 g rötliche Krabben 3-4 Minuten kochen. Alle drei Krustentiere entschälen, das Fleisch der Langusten und Langustinen in Streifen schneiden. Die Schalen der Krustentiere aufbewahren. 250 g mageren gekochten Schinken und 300 g gekochte Hühnerfilets ebenfalls in feine Streifen schneiden.

Langusten-, Langustinen-, Schinken- und Hühnerfleischstreifen in eine große Salatschüssel einlegen, Krabben, feine Gurkenscheiben und Kapern zugeben. Den Salat mit einer feinen Essig-Olivenölmarinade begießen, kühl stellen.

Die Schalen der Krustentiere fein zerstoßen, den Saft davon mit den Eiern der Langusten durch ein feines Sieb geben.

Eine Mayonnaise von drei frischen Eiern, eine Prise Salz und dem nötigen Olivenöl anrühren, einen Teelöffel Senf oder Mostrich, den Saft einer halben Zitrone sowie den Saft aus den Schalen und dem Rogen der Krustentiere untermischen.

Kurz vor dem Anrichten – mindestens aber nach acht Stunden – die Salatzutaten aus der Marinade nehmen, mit der Hälfte der Mayonnaise vermischen, mit Salz und Pfeffer abschmecken.

Eine große Porzellanschüssel mit gewaschenen und wieder getrockneten Salatblättern auslegen, den Salat daraufhäufen, die restliche Mayonnaise glatt darüberstreichen. Den Salat mit Eier- und Tomatenscheiben dekorieren. Man kann den Salat auch, bevor man die Mayonnaise unterzieht, mit zerschnittenen Salatherzen mischen.

Neunaugen

Das Neunauge ist ein aalartiger Fisch, der aus dem Meer in die Flüsse aufsteigt, um zu laichen. Er besitzt einen rundlichen Körper, einen länglichen Kopf und an jeder Seite sieben Öffnungen, wie die Löcher einer Flöte und kann bis zu einem Meter lang werden. Diesen Fisch kann man nur lebend einkaufen, da sich der Mittelstrang des Neunauges, der eine Gräte ersetzt, 2-3 Stunden nach dem Tode kaum noch herausziehen läßt. Der Fisch wird mit heißem Wasser abgebrüht, mittels eines scharfen Messers abgekratzt und mit einem groben Tuch abgerieben. Er wird dann über einer tiefen Schüssel ausgenommen, in Stücke geschnitten, das Blut aufgefangen. Kopf und Schwanzstück werden nicht verwendet. Das Blut muß mit etwas Wein verrührt werden, damit es nicht gerinnt.

Lampreias

Neunaugen in Marinade

Zwei Neunaugen in kochendes Wasser legen, herausnehmen, abschaben, mit einem groben Tuch abtrocknen. In einer flachen Schüssel säubern und aufschneiden, ausnehmen. Die Gräte bei den Ohröffnungen ausschneiden. Das Blut mit Essig verrühren.

Zwiebelringe in Olivenöl leicht dünsten, mit Wasser ablöschen. Petersilienstengel, Knoblauchzehen, Lorbeerblatt und die Neunaugen in Portionsstücken einlegen und gar dünsten. Wenn die Stücke gar sind, die Sauce abgießen, durchseihen. Nach und nach mit dem verrührten Blut auffüllen, mit Salz, Pfeffer und Muskatnuß abschmecken. Die Stücke wieder einlegen und noch 5 Minuten ziehen lassen.

Lampreia de escabeche

2 kleinere Neunaugen, Olivenöl, Zwiebel, Essig, Petersilie, Lorbeerblatt, Knoblauchzehen, Salz, Pfeffer, Muskatnuß

Neunaugen auf Minho-Art

Die eingesalzenen Fischstücke nach einer Stunde abwaschen, abtrocknen, in Olivenöl anbräunen. Sobald sie braun sind, mit Wein ablöschen, so daß die Stücke mit Flüssigkeit bedeckt sind. Lorbeerblatt, Schalotten beifügen, mit Salz und Pfeffer abschmecken. 20 Minuten auf kleiner Flamme kochen lassen. Kurz vor dem Anrichten das Blut mit einem Löffel Mehl abrühren und zur Sauce geben, nicht mehr kochen lassen, nur leicht ziehen. Den Fisch in der Sauce anrichten. Weißen Reis oder geröstete Brotscheiben dazu reichen. Zur „Lampreia à moda do Minho“ wird ein roter „Colares“, ein „Raposeira“ oder ein „Bucelas“ getrunken.

Es folgt ein Menü aus dem „Haus vom Minho“ (Casa do Minho), in dem die Neunaugen die Hauptattraktion bilden.

Lampreia à moda do Minho

1 Neunauge, einige Schalotten, 1 Lorbeerblatt, Salz, Pfeffer, Mehl, Rotwein, Olivenöl

Mittag im Hause vom Minho

Grüne Suppe, die berühmte Gemüsesuppe

Stark geräucherte Wurst mit Maisbrot von Longos Vales

Pastetchen von Neunaugen mit Spinat aus jungen Rübenblättern und süßen Paprikaschoten von Belas

---

Neunaugen in ihrem Blut geschmort

Zicklein im Ofen gebraten mit Reis

Eine Süßspeise

Schinkenpudding

Apfelsinen von Cambezes

Kaffee von Carioca

Grüner Wein von Monção

Weißwein Alvarinho von der Quinta da Torre Moreira und Roter von Mazedo

---

Treberschnaps S. João de Sá

Almôço na casa do Minho

Caldo Verde com couve das hortas da Brejoeira

Chouriço de Anhões e broa de Longos Vales

Empadinhas de lampreia com esparregado e pimentos doces de Belas

---

Lampreias das pesqueiras de Messegões ensopadas no seu sangue

---

Cabrito criado nos Montes de Riba de Mouro assado no forno com Arroz

---

Sopa dourada

Pudins der presunto

Laranjas de Cambezes

Café de „Carioca“

Vinho Verdes de Monção

Branco „Alvarinho“ da Quinta da Torre Moreira e Tinto de Mazedo

---

Bagaceira „S. João de Sá“

Ameijoas na „catraplana“

1500 g Miesmuscheln, 4 Zwiebeln, 50 g roher Schinken, 50 g gekochter Schinken, 50 g „chouriço (scharf gewürzte Kochwurst), Petersilie, Roter Pfeffer (colorau), Piri-piri, Knoblauch nach Geschmack, 2 EL Butter, Weißwein, Salz

Miesmuscheln in der „catraplana“

Die „catraplana“, eine Art Kochgeschirr aus zwei großen runden Messingschalen, die durch ein Scharnier eng miteinander verbunden sind, ist im Algarve zuhause.
Eine Schale mit Butter ausstreichen, mit Zwiebelscheibchen auslegen. Gehackte Petersilie, eine zerdrückte Knoblauchzehe, etwas „colorau“ (Roter Pfeffer) und Piri-piri (äußerst scharfe kleine Pfefferschoten) überstreuen. Nun folgt eine Schicht von kleinen Quadraten aus je einer Scheibe rohen und gekochten Schinkens (geschnitten) und einigen feinen Schnitten von „chourico“. Darauf ein Teil Miesmuscheln. In dieser Reihenfolge weiterschichten bis die Schale gefüllt ist. Zuletzt mit etwas Weißwein begießen, Butterflöckchen auflegen. Die beiden Schalen schließen und wechselseitig aufs Feuer legen. Kochzeit ca. 15-20 Minuten.

Sardinhas fritas

Gebratene Sardinen

Frische Sardinen sind für den Portugiesen das, was die „grünen Heringe“ für uns sind. Arm und Reich ißt sie gern, am liebsten „assadas nas brasas“, d.h. überm Holzkohlenfeuer geröstet. Und natürlich gehört ein Salat aus gerösteten roten oder grünen Paprikaschoten dazu. Aber es gibt noch viele andere Rezepte. Hier sind einige, die sich auch für Heringe eignen.

À moda de Setubal

12 Sardinen, 1 Zwiebel, 4 EL Olivenöl, 1 Glas Weißwein, 1 Lorbeerblatt, 2 EL Tomatenpüree, 1 Ei, Salz, Pfeffer, Petersilie, Mehl, Öl zum Braten

Nach Art von Setubal

Sardinen schuppen, ausnehmen, salzen. Nach einiger Zeit abwaschen, trocknen, in Ei und Mehl wenden, in Öl braten. Eine feuerfeste Form mit den Sardinen auslegen. Gehackte Zwiebel in Öl glasig werden lassen, Lorbeerblatt, Wein, Tomatenpüree zugeben. 10 Minuten sieden lassen, dann mit Salz und Pfeffer abschmecken. Die Sauce und die fein gehackte Petersilie über die Sardinen geben, die Schüssel einige Minuten in den heißen Ofen stellen. Man serviert das Gericht warm oder kalt in der Form.

À moda de Cascais

12 Sardinen, 6 Zwiebeln, 1 Glas Weißwein, 5 Tomaten, Semmelbrösel, Olivenöl, Salz, Pfeffer

Auf Cascaiser Art

Gehackte Zwiebeln in Öl glasig dünsten, zerschnittene abgehäutete Tomaten einige Minuten mitkochen, den Gemüsebrei mit Wein auffüllen, mit Pfeffer und Salz würzen und in eine feuerfeste Form füllen. Sardinen schuppen, ausnehmen, salzen, in Semmelbröseln wenden, auf den Tomatenbrei legen, mit Olivenöl überträufeln. Das Gericht im heißen Ofen abbacken.

Panierte Filets

Sardinen schuppen, ausnehmen, Köpfe, Schwänze abschneiden, Die Fische der Länge nach öffnen, Mittelgräte herausnehmen, Filets auseinanderbreiten, salzen. Die Filets in zerklopftem Ei, dann in Bröseln, nochmal in Ei und wiederum in Bröseln wenden und in siedendem Olivenöl braten.

Em filetes panados

12 Sardinen, 1 Ei, Semmelbrösel, Olivenöl, Salz

Gefüllte Sardinen

Von acht großen Sardinen Filets bereiten (siehe vorhergehendes Rezept). Das Fleisch von vier Sardinen fein hacken. Einen Eßlöffel Mehl mit Butter abschwitzen, das Gehackte zugeben, mit Salz, Pfeffer, Zitronensaft abschmecken, gut verrühren. Die Filets mit der Fischfarce füllen, aufrollen, mit einem Zahnstocher befestigen. Die aufgerollten Sardinen in zerklopftem Ei, dann in Mehl wenden, in Olivenöl braten. Mit gehackter Petersilie und Zitronenscheiben reichen.

Recheadas

12 Sardinen, davon 8 große, 1 Ei, Mehl, 1 EL Butter, Zitrone, Petersilie, Olivenöl, Salz, Pfeffer

Meerbarben nach Art von Setubal

Die ausgenommenen, gewaschenen und getrockneten Meerbarben werden gegrillt – nach Belieben kann man sie auch in feinem Olivenöl braten – und warmgestellt. Die ausgenommenen Fischlebern säubern und fein zerreiben, mit dem Saft einer Zitrone sowie einer fein zerschnittenen Zwiebel über kleinem Feuer aufkochen, mit Pfeffer und Salz abschmecken. Feingehackte Petersilie und ein kleines Stückchen Butter zugeben. Die Sauce evtl. mit etwas Weißwein verlängern, heiß über die Meerbarben geben und sofort servieren.

Als Begleitung empfehlen sich Kartoffeln mit gehackter Petersilie bestreut und einigen Butterflöckchen belegt.

Salmonetes à moda de Setubal

4 Meerbarben, 1 Zitrone, evtl. etwas Weißwein, gehackte Petersilie, 1 EL Butter, Salz, Pfeffer

Schellfischfilets

Fisch von Haut und Gräten säubern, in Scheiben schneiden, mit Salz, Pfeffer, Zitronensaft und zerdrücktem Knoblauch würzen, mit Milch übergießen, zwei Stunden stehen lassen. Filets in Ei, dann in geriebenem Brot wenden, in Erdnußöl backen. Erdnußöl eignet sich besonders gut zum Ausbacken von Fischen.

Filetes de pescada

400 g Schellfisch, 1 Ei, 1/2 Tasse Milch, geriebenes Weißbrot, Zitrone, Knoblauch, Salz, Pfeffer, Erdnußöl zum Braten

Linguado com recheio de camarão à lisboeta

1 große Seezunge, 1 Portion Krabben-Creme, 60 g Butter, Semmelbrösel, Schafskäse, Salz

Seezunge mit Krabbenfüllung auf Lissabonner Art

Seezunge säubern, dunkle Haut abziehen, Rückengräte herausnehmen, den Hohlraum mit einer ziemlich festen Krabben-Creme ausfüllen, zunähen. Den gefüllten Fisch mit der hellen Seite nach oben in eine gut ausgefettete feuerfeste Form legen, leicht salzen, mit Butterflöckchen belegen, 8-10 Minuten im Ofen dünsten lassen.
Die Seezunge nochmals mit Butterflöckchen belegen, mit Semmelbröckchen und geriebenem Schafskäse bestreuen und noch einige Minuten im Ofen gratinieren.

Filetes de linguado com molho de ostras

Je ein großes oder 2 kleine Seezungenfilets pro Person, 4-5 Dutzend Austern, Butter, Mehl, Zitronensaft, Salz, Pfeffer

Seezungenfilets mit Austern-Sauce

Da die Seezungen mit der rosa-weißen Haut an der portugiesischen Küste sehr delikat sind, so bereitet man sie auf eine Weise, die den Geschmack erhält. Seezungenfilets mit einigen Eßlöffeln Wasser und Zitronensaft in eine flache feuerfeste Form einlegen, Salz überstreuen. Die Form in einen warmen, aber nicht heißen Ofen stellen, aufpassen, daß das Wasser nicht kocht. Zeigen sich Blasen, so wird ein geöltes Papier übergedeckt. Das Wasser weiterhin nur ziehen lassen. Kleine Filets ca. 5 Minuten, größere ca. 10 Minuten.
Austern-Sauce:
4-5 Dutzend Austern öffnen, mit der Flüssigkeit der Austern in eine Kasserolle geben, zwei Minuten kochen, Schaum abnehmen, warm stellen.
Eine helle Buttermehlschwitze bereiten, mit dem Austernwasser und etwas Milch ablöschen, glatt rühren. Die Austern vom Bart befreien, in 2-3 Stückchen schneiden, in die Sauce geben, auf kleinem Feuer 10-15 Minuten köcheln lassen. Mit Zitronensaft, Salz und Pfeffer abschmecken.
Die Sauce kann auch zur Hälfte statt mit Austern mit Krabben bereitet werden. Die Seezungenfilets werden von der heißen Austern-Sauce bedeckt gereicht.

Meia desfeita

500 g Stockfisch, 1 gehäufte Tasse Kichererbsen, 4 Zwiebeln, 1 Zitrone, 1 Knoblauchzehe, 1 Glas Olivenöl, Salz, Pfeffer

Stockfisch mit Kichererbsen

Stockfisch über Nacht einweichen. Am anderen Tag mit siedendem Wasser übergießen, zugedeckt 15 Minuten stehen lassen, dann den Stockfisch enthäuten, entgräten, in kleine Stücke teilen.
Kichererbsen über Nacht einweichen, abgießen, in Salzwasser weich kochen, durch ein Sieb drücken. Knoblauch und Zwiebelscheiben in Öl bräunen.
15 Minuten vor dem Anrichten Stockfisch und Kichererbsen mit ein wenig Pfeffer gewürzt lagenweise in eine feuerfeste Form geben, als abschließende Lage Knoblauch und Zwiebeln. Mit Zitronensaft und restlichem Olivenöl beträufeln. Im Ofen heiß werden lassen und in der Form reichen. Statt mit Kichererbsen kann der Stockfisch auch mit Kartoffelmus bereitet werden.

32

Pastéis de Bacalhau

500 g Stockfisch, gesäubert und gekocht, 300 g kalte, gekochte Kartoffeln, 4 Eier, Petersilie, Salz, Pfeffer, Milch nach Bedarf, Olivenöl

Stockfischpastetchen

Kartoffeln und Stockfisch durch die Maschine drehen oder durch ein Sieb drücken. Eigelb, Pfeffer und Salz zugeben. Nach Bedarf die Masse mit etwas Milch geschmeidig machen, zuletzt das geschlagene Eiweiß und gehackte Petersilie unterziehen. Mit zwei Teelöffeln die Bällchen abstechen und in sehr heißem Olivenöl schwimmend ausbacken. Die Bällchen auf einem Durchschlag abtropfen lassen, mit Gurken-, Tomaten- und Grünem Salat reichen. Für 6-8 Personen.

Bacalhau à Gomes de Sá

1 kg Stockfisch, 1 kg gekochte Kartoffeln, 9 EL Olivenöl, 4 Zwiebeln, 4 gekochte Eier, 2 Gläser Milch, Petersilie, Salz, Pfeffer

Stockfisch Gomes de Sá

Stockfisch über Nacht einweichen. Den Fisch am anderen Tag mit siedendem Wasser übergießen, zudecken und 15 Minuten ziehen lassen. Den Fisch von Häuten und Gräten säubern, in kleine Stücke teilen, mit heißer Milch übergießen und eine Stunde stehen lassen. Zwiebeln in Scheiben schneiden, eine halbe Stunde in kaltes Wasser legen, gut abgetrocknet in eine feuerfeste Form mit dem heißen Öl geben und glasig werden lassen. Abwechselnd Kartoffelscheiben und den abgegossenen Stockfisch einlegen und die Form 10-15 Minuten in den Ofen stellen. Mit Oliven, Eierhälften und gehackter Petersilie anrichten.

A bacalhoada, o cozido de consoada

500 g Stockfisch, 4 große Mohrrüben, 4 Zwiebeln, 1 kg Kartoffeln, 4 Eier, 500 g Blattkohl, Salz

Stockfisch, wie man ihn am Heiligen Abend ißt

Ein großes, dickes Stück Stockfisch 24 Stunden einweichen. In frischem Wasser mit vier Mohrrüben und vier Zwiebeln weich kochen. Separat 1 kg mehlige Salzkartoffeln und vier harte Eier absieden. Auf vorgewärmter Platte, die beim Auftragen mit einer Serviette bedeckt wird, den Stockfisch in der Mitte, Kohl, Mohrrüben, Zwiebeln, halbaufgeschnittene Eier ringsherum anrichten. Das Gericht sehr heiß servieren. Vielfach reicht man hierzu eine Sauce nach Bauernart „molho de vilão“. (Siehe Rezept Seite 87.)

Fofos de bacalhau

500 g Stockfisch, 3 EL Mehl, 2 Eier, Salz, Pfeffer, geriebener Parmesankäse, Olivenöl zum Ausbacken

Stockfischschäumchen

Stockfisch einen Tag einweichen, mit frischem Wasser aufkochen, eine Minute ziehen lassen, enthäuten, entgräten, in 3 cm große Würfel schneiden. Mehl mit Eigelb, Salz, Pfeffer, geriebenem Parmesankäse zu einem dickflüssigen Pfannkuchenteig anrühren. Nach Bedarf etwas Wasser zugeben, zuletzt das geschlagene Eiweiß unterziehen. Stockfischstückchen in den Teig tauchen, in heißem Olivenöl ausbacken. Sehr heiß servieren.

Stockfisch auf Art von Viana

Vier hohe Rückenstücke vom Stockfisch 24 Stunden in Wasser legen, das Wasser mehrfach erneuern.
Von einem Weißkohl acht Blätter auslösen, kalt abspülen.
Den nassen Stockfisch in die feuchten Kohlblätter so einwickeln, daß der Fisch gut bedeckt ist. Die kleinen Pakete mit einem Faden umwickeln, in eine feuerfeste Schüssel legen und in den heißen Ofen stellen.
3-4 Zwiebeln in Scheiben schneiden, in Olivenöl bräunen. Sobald der Weißkohl gut ausgetrocknet ist, den Stockfisch herausnehmen, auslösen. Die Fischstücke mit heißen Kartoffeln umgeben, auf eine heiße Platte legen, mit den Zwiebeln bedecken und dem heißen Öl übergießen. Hierzu Broas reichen.

Bacalhau à moda da Viana

4 hohe Scheiben Stockfisch, 1 Weißkohl, 800 g Kartoffeln, 1 dl Olivenöl

Kroketten aus Stockfisch

Stockfisch 24 Stunden einweichen, abtrocknen, in wenig Wasser auf kleinem Feuer dünsten. Von Haut und Gräten befreien, das Fischfleisch durch die Maschine drehen, mit der gleichen Menge Kartoffelpüree und einer sehr fein gehackten, in Butter gebräunten Zwiebel verkneten. Etwas weiße Sauce zugeben, mit Salz, Pfeffer und einem Teelöffel Butter abschmecken, kalt stellen.
Mit zwei Löffeln kleine Kroketten formen, die in Brotkrümeln, geschlagenem Ei und nochmals in Brotkrümeln gerollt werden, bis sie gut bedeckt sind. In sehr heißem Schmalz oder Olivenöl braten. Heiß oder kalt reichen.

Croquettes de bacalhau

500 g Stockfisch, 500 g Kartoffeln, 1 Zwiebel, Salz. Mehl, Milch, Butter für die weiße Sauce, nach Bedarf 1 Ei, Brotkrümel nach Bedarf, Olivenöl oder Schmalz zum Braten

Thunfischschnitten auf Algarve-Art

Die Fischer in der portugiesischen Provinz Algarve fangen den Thunfisch von Ende April bis Ende Juni, wenn er zum Laichen ins Mittelmeer zieht, und im Juli und August, wenn er wieder in den Ozean zurückkehrt.
Frischen Thunfisch in Scheiben schneiden, die Scheiben zwei Stunden in eine Marinade aus Weißwein, Zitronensaft, Salz, Pfeffer und gehackter Petersilie einlegen. Die Pfanne – nach Belieben – mit Knoblauch ausreiben, Butter sehr heiß werden lassen. Den mit Küchenpapier gut abgetrockneten Fisch auf beiden Seiten hellbraun braten. Die fertigen Thunfischscheiben mit Spinat oder Sauerampfer-Püree und gekochten Kartoffeln reichen.

Atum em bifes à Algarvia

700-800 g frischer Thunfisch, 1/2 Zitrone, 1 Knoblauchzehe, 30 g Butter, 1 Glas Weißwein, Salz, Pfeffer

Creme de camarão

500 g rötliche Krabben, 2 EL Butter, 2 EL Mehl, 2 Eier, Salz, Pfeffer

Krabben-Creme

Krabben gut waschen, abkochen, ausschälen. Köpfe abtrennen, in Kochwasser auskochen, Kochwasser durchgießen.
Eine Buttermehlschwitze mit dem Krabbensud ablöschen – die Creme muß ziemlich dick sein – Krabben zugeben, mit zwei Eigelb legieren und mit Salz und Pfeffer abschmecken.

Torta de Viana do Castelo

6 Eier, 300 g Zucker, 75 g Weizenmehl, 75 g Kartoffel- oder Stärkemehl, Butter, 1 TL Backpulver, Zitronensaft, Frucht-Creme, Zucker zum Bestreuen

Torte nach Art von Viana

Sechs Eigelb mit 300 g Zucker verrühren. 75 g Weizen- und 75 g Kartoffelmehl (evtl. Stärkemehl) mit einem Teelöffel Backpulver und Salzprise vermischen. Eigelb und Zucker mit dem Mehl und Backpulver zusammengeben, mit Zitronensaft abschmekken, den Teig gut schlagen. Das geschlagene Eiweiß der sechs Eier unterziehen. Den Teig auf einem gefetteten Backblech 3 cm hoch ausstreichen, abbacken. Noch warm mit Frucht-Creme bestreichen und einrollen. Die Tortenrolle gut mit Zucker bestreuen.
Soll die Torte mit Krabben-Creme gefüllt werden, so wird der Zucker im Teig fortgelassen.

Torta de Viana, Recheada com creme de camarão

Zutaten wie unter „Krabben-Creme“ und „Torte nach Art von Viana“ angegeben

Torte nach Art von Viana mit Krabben-Creme gefüllt

Teig wie für die Torte von Viana, aber ohne Zucker, bereiten. Eine Krabben-Creme herstellen.
Einen halben Liter Weiße Sauce oder die gleiche Menge Tomatensauce bereiten. Den Teig 3 cm hoch auf gut gefettetem Backblech ausstreichen, im Ofen abbacken. Die Krabben-Creme auf dem noch heißen Teig ausstreichen, einrollen. Die Tortenrolle mit heißer Weißer Sauce oder Tomaten-Sauce begießen und sofort anrichten.
Dazu wird junger Spinat oder Spinat von jungen Rübenblättern gereicht.

-S1676L-
S-727
S 1578 C

Molhos

Die Saucen

Da die Mehrzahl der Portugiesen nicht an Furcht vor dem Dickerwerden leidet, so übergießt man den geliebten Stockfisch hierzulande noch immer mit reichlich Olivenöl und ein bißchen Essig und tunkt den kleinen Teich von Öl oder Bratensaft, der nach Fisch und Fleisch auf dem Teller bleibt, mit Brot auf. Diese simple Essig-Öl-Kombination, zu der sich vielleicht noch die Zwiebel, der Knoblauch oder Kräuter gesellen, ist so charakteristisch für die Einfachheit eines nationalen Gerichts. An Beliebtheit kommt ihr höchstens noch die Tomatensauce in vielerlei Gestalt gleich.

Tomatada

500 g Tomaten, 1 Zwiebel, 6 EL Olivenöl, 1 Knoblauchzehe, 1 EL gehackte Petersilie, Salz, Pfeffer

Tomatensauce

Zwiebel in feine Scheiben schneiden, in Olivenöl glasig dünsten. Tomaten abhäuten und entkernen, klein schneiden.
Tomaten, Knoblauchzehe und einen Eßlöffel gehackte Petersilie zu den Zwiebeln geben. 20 Minuten auf kleinem Feuer kochen lassen, bis die Sauce sämig wird. Mit Salz und Pfeffer abschmecken.
Die Sauce wird zu gekochten Eiern, Rührei, Omelette oder Fischfilet gereicht.

Molho português

180 g Butter, 2 Eigelb, Zitronensaft Salz, Pfeffer, Muskatnuß, Safranpulver, Pimentpfeffer

Portugiesische Sauce

Kurz vor dem Gebrauch in einer erwärmten Kasserolle 180 g frische Butter, zwei Eigelb, einen Löffel Zitronensaft abrühren, mit Salz und Pfeffer würzen, auf kleinste Flamme stellen und stetig weiterrühren bis sich die Sauce verdickt. Evtl. etwas lauwarmes Wasser zugeben, damit die Sauce geschmeidig bleibt. Die Sauce sogleich reichen.
In einem alten portugiesischen Kochbuch meint ein Monsieur Grimaud de Reynière, daß man diese Sauce mit geriebener Muskatnuß, Safranpulver und 2 – 3 Körnchen leicht zerbrochenem Pimentpfeffer (Pimenta Officinalis) würzen könnte.

Mandel-Tomatensauce

Zwiebel fein hacken, in Butter glasig werden lassen. Tomaten abhäuten, klein schneiden, mit der Zwiebel weich schmoren. Die Sauce durch ein Sieb streichen. Mandeln abbrühen, abziehen, trocknen, reiben. Mandeln und Öl zu der Sauce geben, mit Salz, Pfeffer und einer Prise Zucker abschmecken. Zu gebratenem Fleisch.

Molho de tomate com amêndoas

4 – 5 Tomaten, 1 Zwiebel, 70 g geriebene Mandeln, 1 EL Butter, 1 EL Olivenöl, Salz, Pfeffer

Sauce nach Bauernart

In feine Scheiben geschnittene Zwiebeln, zerdrückte Knoblauchzehen, einen halben Teelöffel gehackte Petersilie in Olivenöl schmoren, bis die Zwiebeln glasig sind. Weinessig und Fleischbrühe zugeben, aufkochen lassen. Mit Salz und Pfeffer abschmecken. Auf Madeira reicht man Fische in dieser Sauce. Sie eignet sich auch zu Rebhühnern, Kaninchen und gekochtem Hammel- oder Schweinefleisch.

Molho de vilão

3 kleine Zwiebeln, 2 Knoblauchzehen, 1 Lorbeerblatt, Petersilie, 1 Glas Olivenöl, 1 Glas Fleisch- oder Knochenbrühe, 3 EL Weinessig, Salz, Pfeffer

Arme-Leute-Sauce für gekochte Fische (Beira)

Zwei hartgekochte Eigelb mit Essig glattrühren, tropfenweise doppelt soviel Olivenöl zugeben, rühren, bis die Sauce sämig wird. Steif geschlagenes Eiweiß, gehackte Petersilie und gehackte Zwiebel untermischen und mit Salz und Pfeffer abschmecken. Sauce über gekochten Fisch gießen, mit Oliven garnieren.

Molho de pobre para peixe cozido

2 Eier, 4 EL Essig, 8 EL Olivenöl, Petersilie, 1 Zwiebel, Salz, Pfeffer

Sauerampfersauce

Sauerampferblätter waschen, in wenig siedendem Wasser aufwallen lassen, durch ein Sieb streichen. Eine helle Butter-Mehlschwitze mit Fleischbrühe glatt rühren, Sauerampfer zugeben und kurz aufkochen. Mit Salz, Pfeffer, einer Prise Zucker abschmecken und mit einem Eigelb legieren. Gut zu Ochsenzunge und gekochtem Fisch.

Molho de azedas

Eine Handvoll Sauerampferblätter, 1 Ei, 50 g Butter, 1 EL Mehl, 1 Tasse Fleischbrühe, Salz, Pfeffer, Zucker

Sauce zum Einlegen von Fleisch

Wein, Essig und Zitronen- oder Apfelsinensaft mischen, zerdrückte Knoblauchzehen, süßen Paprika, Lorbeerblatt zugeben, mit Salz und Pfeffer abschmecken.
Diese Menge reicht für 1 kg Fleisch. Im Minho, Trás-os-Montes und Beiras wird der Weißwein durch Rotwein ersetzt.

Molho de vinho e alhos

6 EL Weißwein, 3 EL Weinessig, 2 Zitronen oder 3 Apfelsinen, 1 Lorbeerblatt, 4 Knoblauchzehen, 1 TL süßer Paprika, Salz, Pfeffer

Fleisch, Geflügel und Wild

Carnes, Aves e Caça

Die Wünsche der fremden Kunden sind für den portugiesischen Schlachter meistens ein Buch mit sieben Siegeln. Als Kotelett verkauft er ihnen einen ellenlangen Knochen mit wenig Fleisch, es sei denn, sie verlangen eine „costeleta de lombo“, ein Stückchen von der Lende. Schnitzel nennt er „bife“, und jeder schiere Braten ist ein „rosbife“ für ihn. Mit Vergnügen verkauft er ein „bife“ vom Schwein oder Kalb. Die erfahrene Hausfrau in Portugal legt ihren Einkauf erst mal ein Weilchen in eine Marinade oder in Wein, denn sie weiß, daß das Fleisch selten gut abgehangen ist. Das soll nicht heißen, daß es überhaupt kein zartes Fleisch zu kaufen gibt, aber bisweilen muß man es suchen. Berühmt ist das Kalbfleisch von Lafões und Sintra. Hier ein guter Tip: Bestreichen Sie das Stück Fleisch, bevor Sie es in den Kühlschrank legen, mit Öl und lassen Sie es vor der Verwendung einige Minuten in der Küche stehen!
Es gibt gewiß nicht viele Hausfrauen in Portugal, die sich den Luxus eines täglichen Bratens leisten können, aber sie wissen zahlreiche Zubereitungsarten für billige Fleischsorten und Innereien. Und ganz besonders äußert sich die Gabe des ökonomischen Denkens, die anscheinend allen Portugiesinnen in die Wiege gelegt wird, in der geschickten Resteverwertung.

Beefsteak nach der Cousine Henriqueta

Von gut abgehangenem Rinderfilet sechs Scheiben schneiden, gut schlagen, in 40 g heißer Butter braten, feine Zwiebelscheiben, eine Knoblauchzehe, Pfeffer und Salz zugeben. Braten bis das Fleisch außen knusprig goldbraun, innen saftig und rosa ist. Bratensaft in ein Näpfchen abgießen. Einen Eßlöffel Essig an die Beefsteaks geben. Die Bratensauce mit 40 g geriebenem Parmesankäse mischen und über die Beefsteaks gießen, noch einige Minuten auf dem Feuer lassen. Knoblauchzehe herausnehmen, die Beefsteaks gleich servieren.

Bifes da prima Henriqueta

6 Scheiben Rinderfilet, 40 g Butter, 1 Zwiebel, 1 Knoblauchzehe, Salz, Pfeffer, 1 EL Essig, 40 g geriebenen Parmesankäse

Bife de vaca enrolado à lisboeta

750 g Rindfleisch, Kartoffelpüree, 100 g roher oder gekochter Schinken, Butter, Salz, Pfeffer oder 250 g Fleischwurst, Petersilie, Zitrone

Eingerolltes Schnitzel auf Lissabonner Art

750 g aus dem Innenstück des Schlegels (pojadouro) oder aus dem Schwanzstück (alcatra) in dünne ziemlich lange Scheiben schneiden lassen. Die Scheiben leicht klopfen, mit Salz und Pfeffer würzen.
Ein festes Kartoffelpüree bereiten, kleine Stückchen gekochten Schinken oder durch die Maschine getriebenen rohen Schinken untermischen. Auf jede Fleischscheibe einen Eßlöffel des Pürees geben, die Scheibe einrollen, mit einem Faden umwickeln.
In heißer Butter, unter mehrfachem Wenden, braten und mit dem entstandenen Bratensaft reichen.
Statt des Kartoffelpürees können die Fleischscheiben auch mit 250 g Fleischwurst, dem gehackte Petersilie und einige Tropfen Zitronensaft zugefügt wurden, gefüllt werden.

Bifes de vaca na frigideira de barro à lisboeta

4 Scheiben Beefsteak, 4 Scheiben roher Schinken, 2 EL Butter, 1 Knoblauchzehe, 1 Lorbeerblatt, 1 EL Weißwein, Salz, Pfeffer

Beefsteaks in irdener Pfanne nach Lissabonner Art

Beefsteaks klopfen, salzen, pfeffern und mit der Knoblauchzehe in sehr heißer Butter in der irdenen Pfanne anbraten. Nach einer Minute die Beefsteaks wenden, mit vier Scheiben rohem Schinken belegen und zugedeckt weiter braten. Kurz vor dem Anrichten ein halbes Lorbeerblatt beifügen und den Bratfond mit Weißwein ablöschen. Die Beefsteaks dürfen nicht zu lange braten, sie müssen innen noch rosig sein. Das Gericht wird in der irdenen Pfanne serviert.

Bifes à cortador

600 g Rindfleisch aus dem Kammstück, 1 Zwiebel, 1 EL Tomatenmark, 2 Nelken, 2 Knoblauchzehen, Muskatnuß, Salz, 4 Pfefferkörner, 2 EL Butter

Beefsteaks auf Schlachtergesellenart

Rindfleisch in vier gleichmäßige Scheiben schneiden. Knoblauch, Pfefferkörner, Salz, Nelken im Mörser fein zerstoßen. Die gehackte Zwiebel in einem Eßlöffel Butter in einer irdenen Bratpfanne glasig dünsten, Tomatenmark zugeben, Beefsteaks in diesem Fond auf beiden Seiten kurz anbraten, die Gewürze und noch einen Eßlöffel Butter darüber streichen, einige Minuten weiter braten. Das Gericht wird mit gekochten oder Bratkartoffeln in der Bratpfanne serviert.

Costeletas à alentejana

4 Kalbs- oder Schweinekoteletts, 4 Scheiben fetter Speck, 4 Scheiben durchwachsener Speck, 1 kg Kartoffeln, 10 kleine Zwiebeln, Salz, süße Paprika, 1 Glas Weißwein

Koteletts auf alentejanische Art

Koteletts salzen, mit Paprika einreiben. Zwei Scheiben fetten Speck in Stückchen schneiden, in einer irdenen, feuerfesten Form auslassen, durchwachsenen Speck einlegen, glasig werden lassen, Koteletts einlegen, auf beiden Seiten anbräunen. Restlichen fetten Speck auf die Koteletts geben, Zwiebel- und Kartoffelscheiben zufügen, mit einem Glas Weißwein begießen, zudecken, schmoren lassen. Man reicht das Gericht in der Form.

Kroketten aus gekochtem Fleisch

Butter und Mehl auf kleiner Flamme abbrennen, mit Milch oder Fleischbrühe zu einer dicken Creme auffüllen, Fleisch, Speck und Eigelb zugeben, mit Salz, Pfeffer, einer Prise Muskatnuß und fein gehackter Petersilie vermengen. Die Masse abkühlen lassen, kleine Kroketten formen, in Ei und Semmelbröseln rollen, andrücken und die Kroketten in heißem Fett braten.
Statt dem Speck können durch die Maschine gedrehter gekochter Schinken oder Fleischwurst verwendet werden, nur muß man dann zwei Eßlöffel Butter zur Mehlschwitze nehmen. Als Würze nehme man statt Muskatnuß und Petersilie Zitronensaft. Diese kleinen Fleischkroketten sind äußerst beliebt. Man ißt sie zum Täßchen Kaffee oder als Beigabe zu Gemüse.

Croquetes de carne cozido

400 g durch die Maschine gedrehtes, gekochtes Fleisch, 100 g fein geschabter, geräucherter Speck, 1 Ei, 1 EL Butter, 2 EL Mehl, Milch oder Fleischbrühe, Salz, Pfeffer, Muskatnuß, gehackte Petersilie, Semmelbrösel und Ei zum Panieren, Butter oder Öl zum Braten

Gekochtes Rindfleisch (ein Nationalgericht)

Suppenfleisch, Knochen, Kalbsfuß in viel kaltem Wasser zusetzen. Ins siedende Wasser ein schönes Stück von der Oberschale geben und langsam auf kleiner Flamme kochen lassen. Das Fleisch, das zum Aufschneiden bestimmt ist, herausnehmen, sobald es gar ist. In Stücke teilen, warm stellen.
Gemüse: Mohrrüben, 1 - 2 weiße Rüben, 1 - 3 Zwiebeln, einen halben Weiß- oder Wirsingkohl, einige grüne Bohnen, frische Erbsen und Kartoffeln in der Brühe mitkochen, salzen, pfeffern. Sobald das Gemüse gar ist, Scheiben vom frischen und geräucherten Speck und der Wurst in den Topf geben. Einen Teil der Brühe abschöpfen und den Reis darin quellen lassen. Brühe in der Terrine, Fleisch, Gemüse und Kartoffeln hübsch auf einer Schüssel angerichtet, auftragen.

Cozido português

750 - 1000 g Rindfleisch (halb Suppenfleisch, halb Oberschale), Knochen, 1 Kalbsfuß, 500 g Gemüse, 500 g Kartoffeln, 75 g frischer Speck, 75 g geräucherter Speck, 1 kleine Wurst (chouriço), 300 g Reis, Salz, Pfeffer

Kutteln nach Art von Porto

Weiße Bohnen über Nacht einweichen, auf kleiner Flamme weich kochen. Kutteln mehrfach waschen, abschaben, mit Zitrone beträufeln, dann in etwa drei Stunden weich kochen. Kalbsfuß waschen, abschaben, klein schneiden, mit den Kutteln weich kochen.
Zwiebelringe in Schmalz glasig dünsten, Mohrrübenscheiben, Speckstückchen, Wurstscheiben, die kleingeschnittenen Kutteln und den Kalbsfuß zugeben, mit Salz, Pfeffer, süßer Paprika würzen und zuletzt die weißen Bohnen untermischen. Kochen lassen, bis die Mohrrüben gar geworden sind.
In Porto wird dieses Gericht vielfach mit durchpassierten Bohnen und Hühnerfleisch gekocht.

Tripas ou dobrada à moda de Porto

1/2 kg Kalbskutteln (vom Schlachter vorgekocht), 1/2 l weiße oder Butterbohnen, 1 Kalbsfuß, 150 g durchwachsener Speck, 150 g Bauernwurst (salpicão), 1 große Zwiebel, 3 Mohrrüben, 1 Zitrone, 1 Nelke, 1 Lorbeerblatt, Thymian, süße Paprika, 2 EL Schmalz oder Olivenöl, Salz, Pfeffer

Iscas à lisboeta

½ kg zarte Kalbsleber, 50 g Milz, 1 Zwiebel, 1 Knoblauchzehe, 1 Lorbeerblatt, 2 EL Weinessig, Schmalz zum Braten

Leberschnittchen auf Lissabonner Art

Kalbsleber hauchdünn schneiden und zwei Stunden in einer Marinade aus Weinessig, Salz, Pfeffer, Lorbeerblatt und der zerdrückten Knoblauchzehe einlegen. Die Leberschnittchen in einer sehr heißen Pfanne in wenig Schmalz mit der geschabten Milz kurz auf beiden Seiten braten. Den Bratfond mit ein wenig Marinade ablöschen, über die Leberschnittchen gießen und sofort auftragen.
Gewöhnlich werden Scheiben von gekochten Kartoffeln in der restlichen Sauce heiß gemacht und zu den Leberschnittchen gereicht.

Fatias de figado

24 Scheiben Kastenbrot, 2 Eier, 1 ½ Tassen Milch, 1 EL Butter, 1 Stück Kalbsleber, Salz, Pfeffer, Muskatnuß, Öl zum Braten

Leber-Brotschnitten

Die Brotscheiben mit heißer Milch begießen, aber nicht zu weich werden lassen. Leber enthäuten, in Öl anbraten, durch die Maschine drehen, mit zerlassener Butter, Salz, Pfeffer, Muskatnuß zu einer weichen Paste rühren. Zwölf Brotscheiben mit der abgekühlten Paste bestreichen und mit den übrigen Scheiben belegen.
Die Brote in zerklopften Eiern wenden und in heißem Öl schwimmend ausbacken.

Coração de vitela à minhota

½ kg Kalbsherz, Kartoffeln, 125 g frischen Speck, 1 EL Schmalz, 1 EL Weinessig, Kümmel, Knoblauch, Salz, Pfeffer

Kalbsherz nach Art von Minho

Kalbsherz mit Salz, Pfeffer, Kümmel und zerstoßenem Knoblauch bestreuen, mit verdünntem Essig begießen, marinieren lassen. Kartoffeln kochen, schälen, in feine Scheiben schneiden, warm stellen. In einer Pfanne Scheiben vom Herz in zerlassenem Speck und Schmalz anbraten. Kartoffelscheiben in feuerfeste Form schichten, etwas Bratfond darüber gießen. Herzscheiben kurz weiter braten lassen, dann über die Kartoffeln verteilen. Etwas Marinade darüber und die Form für einen Augenblick in den heißen Ofen.

Arroz de cabrito à moda do norte

½ Zicklein, 2 Tassen Reis, 150 g fetter Speck, 1 Glas Weißwein, 50 g Schmalz oder Butter, Knoblauch, Safran, Fleischbrühe, Salz, Pfeffer

Reis mit Zicklein, wie man es im Norden ißt

Zicklein mit Salzwasser abwaschen, zerschneiden. Die Stücke mit Salz, Pfeffer, Knoblauch für 24 Stunden in Weißwein einlegen, danach abtrocknen und, mit Speckscheiben bedeckt, in eine ausgefettete Form geben.
Im heißen Ofen braten, dabei öfters mit der Marinade benetzen. Kurz vor dem Garwerden einige Gramm Safran, mit Bratensauce verrührt, über die Fleischstücke gießen.
Zwei Tassen Reis in fünf Tassen siedender Fleischbrühe, der eine Tasse Bratensauce beigegeben wird, quellen lassen. Fleischstücke über dem Reis anrichten.
Zu diesem Gericht wird auch manchmal ein *arroz de forno*, ein Ofenreis, gereicht.

Vitela enrolada (Sintra und Lissabon)

600 g Kalbfleisch, 100 g roher Schinken, 1 gekochtes Ei, 1 Zwiebel, 1 Knoblauchzehe, 1/2 Glas Weißwein, Zitrone Salz, Pfeffer, Olivenöl oder Butter zum Braten, kleine neue Kartoffeln

Kalbfleischroulade

Kalbfleisch ganz flach klopfen, mit dem Messer glatt streichen, mit Salz, Pfeffer, zerschnittenem Knoblauch würzen und für 1-2 Stunden in Wein legen. Das Fleischstück zurechtschneiden, die Abfallstückchen mit dem Schinken durch die Maschine drehen. Feingeschnittene Zwiebel in Butter glasig dünsten, Fleischfarce zugeben, mit Salz, Pfeffer, Zitronensaft abschmecken und ein hartgekochtes, gehacktes Ei untermischen. Das Kalbfleisch mit dieser Mischung füllen, aufrollen, festbinden, in Butter anbraten, mit der Marinade ablöschen. Sauber geputzte Kartoffeln zugeben, das Gericht zugedeckt fertig schmoren lassen.

Zu der *Vitela enrolada* werden in Portugal 1 - 2 Spiegeleier pro Person gereicht. Man trinkt roten Colares dazu.

Borrego assado do dia da espiga

1 kg Lammfleisch, 1 1/2 kg Kartoffeln, 2 EL Schmalz, Koriander, 4 Zehen Knoblauch, Salz, Pfeffer, Olivenöl, 1 Glas Weißwein

Geschmortes Lammfleisch am Himmelfahrtstag

Ein Kilo Lammfleisch ohne Haut und Fett wählen. In einem Mörser einen Teelöffel grobes Salz, einen vollen Eßlöffel gehackten Koriander, vier kleine gehackte Knoblauchzehen und zwei Eßlöffel Schmalz sowie ein wenig Pfeffer gut zerstoßen. Mit dieser feinen Masse das Lammfleisch gut einreiben. Kleine Einschnitte im Fleisch machen und diese Einschnitte mit kleinen Stückchen der Masse füllen.

Das Fleisch in eine feuerfeste Bratschüssel legen. 1 1/2 Kilo Kartoffeln schälen, in Viertel schneiden. Die Kartoffelviertel mit Salz, Pfeffer und Olivenöl würzen und rundherum um das Lammfleisch anrichten. Ca. eine Stunde im heißen Ofen braten. Von Zeit zu Zeit mit einem Glas Weißwein begießen. Das Gericht servieren, sobald das Fleisch und die Kartoffeln gar und gut gebräunt sind.

Pudim de toucinho, preparado pelo Abade de Priscos

1/2 l Wasser, 500 g feinen Zucker, 15 Eier, 1 Zimtrinde, 1 Zitronenschale, 50 g feiner Schinkenspeck, gebrannter Zucker zum Ausstreichen der Form

Schinken-Pudding nach dem Abt von Priscos

In einer Kupferkasserolle einen halben Liter Wasser aufsetzen, sobald das Wasser kocht, 500 g feinen Zucker (Grießzucker), eine Zitronenschale, eine Zimtrinde und 50 g feinen Schinkenspeck (vom Schinken von Chaves oder Melgaço) zugeben.

Fünfzehn Eigelb schaumig schlagen, ein Glas Portwein unterziehen, weiter schlagen. Wenn der Zucker in der Kasserolle Fäden zu ziehen beginnt, den Inhalt durch ein feines Sieb streichen, dann mit den Eigelben mischen.

Eine Puddingform sorgsam mit gebranntem Zucker ausstreichen, die Puddingmasse einfüllen, die Form gut verschließen und dreißig Minuten im Wasserbad kochen lassen.

Schweinelende auf alentejanische Art

Die mit Salz und Knoblauch eingeriebene und von allem Fett befreite Schweinelende mit einigen Pfefferkörnern, zerschnittenen Zwiebeln, einem halben Lorbeerblatt zwölf Stunden in Weißwein marinieren. Das Fleisch muß mit der Flüssigkeit bedeckt sein. Das Fett auslassen und die trocken geriebene Lende im heißen Ofen halbfertig braten. Mit Apfelsinenscheiben und einem Kastanienpüree anrichten.

Lombo de porco à alentejana

1 kg Schweinelende, 1 Knoblauchzehe, 1 Lorbeerblatt, 2 Zwiebeln, 2 Apfelsinen, Salz, Pfefferkörner, Weißwein, Kastanienpüree

Schweinepfötchen auf bäuerliche Art

Die von allen Knochen gelösten Pfötchen abbrühen, abkratzen, mit den Knochen, Lorbeerblatt, Nelke, Salz, Pfeffer, gut mit Wasser bedeckt, zusetzen, weichkochen. Über Nacht geweichte Bohnen mit zerschnittenen Mohrrüben, weißen Rüben, Speckstückchen separat weichkochen. Gehackte Zwiebeln in Olivenöl anbrräunen, Gemüse mit etwas Kochwasser ablöschen. Noch einige Minuten schmoren lassen.

Chispes cozidos

2 Schweinepfötchen (man nimmt die Vorderpfötchen, „as mãos" genannt), 200 g durchwachsener Speck, 1 kleine Blutwurst, („chouriço de sangue"), 500 g weiße Bohnen, 2 Zwiebeln, 4 Mohrrüben, 2 weiße Rüben, 1 Lorbeerblatt, 1 Gewürznelke, Salz, Pfeffer, Olivenöl

Spanferkel

Ein bratfertiges, 6-7 Wochen altes Spanferkel 24 Stunden in *vinho e alhos* einlegen, innen und außen gut abtrocknen und die Ohren mit geöltem Papier umwickeln. Das Spanferkel mit der unten beschriebenen Füllung ausstopfen, zunähen, mit Olivenöl einreiben und 2 - 2 1/2 Stunden über starkem Feuer rösten. Auf dem Lande wird das Spanferkel auf einen Spieß aus geschältem Lorbeerzweig gesteckt.

Herz, Magen, Leber des Spanferkels, rohen Schinken und Kalbsleber in kleine Stückchen schneiden. Zwiebel hacken, in Schmalz glasig dünsten, Tomatenmark und gehackte Petersilie zugeben. Das zuvor mit drei Eßlöffeln Essig verrührte Blut des Spanferkels unterrühren. Das gehackte Fleisch untermischen, die Masse mit einem Mehlteig aus einem Eßlöffel Mehl und etwas Wasser andicken, 15 Minuten auf kleiner Flamme durchschmoren lassen. Vier hartgekochte Eier in Scheiben schneiden, Oliven entkernen und zu der ausgekühlten Farce geben. Das Spanferkel so füllen, daß sich die Haut nicht spannt. Das Spanferkel wird mit gezuckerten Apfelsinenschnitten, Kartoffelpüree und der entfetteten Bratensauce gereicht. Dazu wird der leichte, trockene Schaumwein der Bairrada getrunken. Es ist Sitte, daß der Hausherr dem Ehrengast den Kopf des Spanferkels anbietet.

Leitão assado

1 Spanferkel, vinho e alhos (siehe Seite 87), Olivenöl

Füllung

300 g Kalbsleber, Herz, Magen, Leber des Spanferkels, 150 g roher Schinken, 1 Zwiebel, 1 EL Tomatenmark, Petersilie, 4 Eier, 12 - 15 Oliven, 1 EL Mehl, 3 EL Essig

Muscheln auf Fischerart mit Schweinefleisch

Améijoas à marinheira com carne de porco frita

500 g zartes, gebratenes Schweinefleisch, 4 l Muscheln, 2 Zwiebeln, 4 Tomaten, 1 Knoblauchzehe, 1 EL Mehl, 10 EL Olivenöl, Salz, Pfeffer, süße Paprika, Petersilie

Gehackte Zwiebeln mit der Knoblauchzehe in Olivenöl glasig werden lassen. Knoblauch herausnehmen. Tomaten abhäuten, klein schneiden, entkernen, zu den Zwiebeln geben, auf kleiner Flamme weich dünsten. Muscheln gut abscheuern, mehrfach in frischem Wasser waschen, in die kochende Sauce geben, bis alle Muscheln geöffnet sind. Die Muscheln herausnehmen und aus den Schalen lösen. Die Sauce mit Salz, Pfeffer, gehackter Petersilie abschmecken, nach Belieben mit etwas Mehl eindicken, kurz aufwallen lassen.
Gebratenes Schweinefleisch in kleine Stücke schneiden, mit den Muscheln zu gleichen Teilen mischen, mit der heißen Sauce auffüllen, durchziehen lassen. Das Gericht heiß mit gekochten oder Bratkartoffeln reichen. Beim Abfüllen der Muschelsauce einen Rest zurücklassen, da sich vielleicht noch Sand von den Muscheln abgesetzt hat.
Im Ribatejo legt man Miesmuscheln, Austern oder andere Muscheln zwölf Stunden vor dem Kochen in eine Salzlake aus einem Liter Wasser, 6 g Salz und einem Teelöffel Weizenmehl.

Schinken in guter Gesellschaft (Trás-os-Montes)

Presunto assado em boa companhia

4 dicke Scheiben roher Schinken (Chaves, im Norden Portugals, ist für seine Schinken berühmt), 4 Scheiben schieres Kalbfleisch, 8 Scheiben Brot, 2 Eier, 4 Tomaten, 1/2 Tasse Oliven, Butter zum Braten

Dicke Schinkenscheiben zwölf Stunden wässern, trocknen, von Fett und Schwarte befreien. Die Scheiben in dem Schinkenfett glasig dünsten. Kalbfleischscheiben in Butter anbraten. Eine Scheibe Brot mit einer Scheibe Schinken belegen, darüber eine Scheibe Kalbfleisch, mit einer Scheibe Brot bedecken und das Ganze mit Zahnstochern feststecken. Dann in geschlagenem Ei wenden und auf beiden Seiten in dem Schinkenfett braten. Mit Tomatenscheiben und Oliven garnieren. Man reicht Gurkensalat dazu.

Geräucherte Schweinezungen

Linguas de carne de porco fumadas

2 - 3 Schweinezungen, 1 Zwiebel, 125 g frisches Schweineschmalz, 500 g grüne Erbsen oder grüne Bohnen, Petersilie, Pfeffer, Salz, 30 g frische Butter

Die geräucherten Schweinezungen von Montijo (Ribatejo) sind eine Spezialität der portugiesischen Küche. Sie werden vor der Zubereitung 10 - 12 Stunden in Wasser gelegt, herausgenommen abgewaschen und in kaltem Wasser aufgesetzt, gekocht, abgezogen und warmgestellt.
In einer Kasserolle eine feingeschnittene Zwiebel in 125 g frischem Schweineschmalz anbräunen, die Flüssigkeit durch ein Sieb gießen, wieder in die Kasserolle geben. Mit 500 g grünen Erbsen, zwei Petersilienstengeln, Pfeffer und drei vollen Eßlöffeln von dem Kochwasser der Zungen auffüllen, fünf Minuten zudecken, fertigkochen. Abschmecken und 30 g frische Butter unterziehen. Die Schweinezungen in schräge Scheiben schneiden, auf heiß gestellter Platte mit den Erbsen servieren. Statt der Erbsen können auch grüne Bohnen mit den Schweinezungen angerichtet werden.

Folar transmontano

1/2 Weißweinbrotteig (man kauft ihn beim Bäcker), 6 Eier, 6 EL Olivenöl, 75 g Schmalz, Salz, Mehl, 150 g gekochter Schinken, 150 g gebratenes Schweinefleisch, 150 g Rollschinken oder durchwachsener Speck, Butter zum Ausfetten der Form.
Statt des Brotteigs kann auch Hefeteig nach folgendem Rezept verwendet werden:
500 g Mehl, 20 g Hefe, 150 g Butter, 1 EL Olivenöl, 4 - 5 Eier, Salz

Fleischpastete nach Art von Trás-os-Montes

Gut aufgegangenen Brotteig mit Öl, ausgelassenem Schmalz, einer Prise Salz und den Eiern verarbeiten und so viel Mehl zugeben, daß der Teig wieder fest wird. Die verschiedenen Fleischsorten in feine Scheiben schneiden. Teig in zwei Teile teilen, auf bemehltem Brett dünn ausrollen. Eine ausgefettete runde Form mit Teig auslegen, darauf Fleischscheiben verteilen, mit Bratensauce oder Bratfett anfeuchten. Das restliche Teigstück über die Pastete legen, Ränder fest andrücken, zwei Stunden ruhen lassen. Mit Eigelb bestreichen und im Ofen abbacken.
Der Folar kann auch mit Hühner-, Puten- oder Kaninchenfleisch bereitet werden. Er eignet sich vorzüglich für Picknicks.

Pombos estufados à ribatejana

4 Tauben, 200 g durchwachsener Speck, 300 g kleine Zwiebeln, 500 g ausgepellte Erbsen, Petersilie, Pfeffer, Salz, Wasser oder Fleischbrühe

Gedämpfte Tauben nach Art des Ribatejo

Kleine Speckscheiben und Zwiebeln glasig dünsten, Speck und Zwiebeln, herausnehmen, warm stellen. Bratfertige Tauben salzen, pfeffern, in dem Speck anbraten. Siedendes Wasser oder Fleischbrühe angießen, Speck und Zwiebeln zurückgeben, ein Sträußchen Petersilie beifügen, zugedeckt 25-30 Minuten dämpfen lassen. Petersilie herausnehmen, Schoten zugeben, noch etwas Fleischbrühe auffüllen, so daß die Tauben bedeckt sind und im gut verschlossenen Topf gar dämpfen.
Auf diese Weise bereitet man auch ein junges Hühnchen.

Caril

800 g malaguetas longas (Afrikanischer Pfeffer), 50 g sementes coentros (Koriandersamen), 30 g Pimento, (Pfeffer), 30 g Cominhos (Kümmel), 40 g Curcuma (Indischer Safran), 30 g Gengibre branco (Weißer Ingwer), 10 g Cravinhos (Nelken), 10 g Canela (Zimt)

Curry

Curry ist kein Gewürz, sondern eine komplizierte Gewürzmischung. Ein wirklich guter Curry kommt aus Indien, und dort haben ihn die Portugiesen auch zuerst kennengelernt. So sind Curry-Gerichte in Portugal nicht selten, z.B. Fisch- oder Gemüse-Curry, zu Huhn oder Kalb. Am besten verträgt sich Reis mit Curry, vorzüglich wenn der indische Basmatti-Reis verwendet wird. Curry verliert, wie alle Gewürze, mit der Zeit seine Kraft. Man bewahrt ihn in einer fest verschlossenen Dose.
Jeder indische Koch bringt sich die verschiedenen Gewürze, die er bevorzugt, vom Markt mit und mischt sie nach seinem Geschmack zusammen.
In Portugal kauft man eine fertige Mischung „Pó de caril“ (Curry-Pulver). Sie könnte die aufgeführten Bestandteile haben:

Huhn mit Curry auf indische Art

Fleisch einer frischen Kokosnuß reiben, im Mörser zerstoßen, mit einer Tasse heißer Milch übergießen, eine Stunde stehen lassen, Saft durch ein Tuch auspressen. Zerschnittene Zwiebeln samt Knoblauchzehe in Butter andünsten, die Hühnerstücke dazulegen, anbräunen. Nach fünfzehn Minuten abgehäutete zerschnittene Tomaten und das Currypulver untermischen, schmoren lassen. Nach und nach die ausgepreßte Kokosmilch, Zitronensaft und Essig aufgießen, auf kleiner Flamme fertig kochen. Nach Belieben ein Stückchen frischen Ingwer zugeben.
Zu diesem Currygericht wird ein trockener Wasserreis gereicht.

Galinha à indiana

1 junges Huhn, 2 Zwiebeln, 2 Tomaten, 100 g Butter, 1 EL Currypulver, 1 Knoblauchzehe, 1 Zitrone, 1 EL Essig, 1 Kokosnuß oder 150 g Mandeln, 1 Tasse Milch, Pfeffer, Salz und evtl. ein Stückchen frischer Ingwer.

Huhn auf arabische Art

Das sauber zurechtgemachte Huhn in Butter anbräunen, in leicht gesalzenem Wasser mit etwas Suppengrün gar kochen, warm stellen. Grob gehackte, abgezogene Mandeln und gewaschene und getrocknete Korinthen in Butter leicht anbraten. Drei Zwiebeln in Ringe schneiden, in Butter glasig dünsten, herausnehmen. Eine Tasse Reis in derselben Butter bräunen, drei Tassen durchgeseihte Hühnerbrühe auffüllen und den Reis ferig kochen. Das Huhn zerteilen, auf einer großen Schüssel anrichten, zuerst mit Zwiebelscheiben und dann mit Reis bedecken, mit Korinthen und Mandeln bestreuen. Zerlassene Butter darüber gießen und sofort anrichten.
In Portugal werden noch halbierte harte Eier um den Reis gelegt.

Galinha à moda arabe

1 Huhn, 20 abgezogene Mandeln, 100 g Korinthen, 3 Zwiebeln, Salz, Suppengrün, 1 Tasse Reis, Butter zum Braten.

Hühnerklein

Dieses Gericht kann nur bereitet werden, wenn etwas Hühnerblut beim Schlachten aufgefangen wurde. Es wird dann sofort mit einem Eßlöffel Essig oder Zitronensaft verrührt.
Das Huhn in kleine Stückchen zerlegen, die Stückchen in Butter anbraten, herausnehmen, warm stellen.
In der Butter die kleinen Zwiebeln bräunen, herausnehmen, zu den Hühnerstückchen geben.
Einen Eßlöffel Mehl in der Butter rösten, mit Fleischbrühe glattrühren, Rotwein und Cognag zugeben, mit Salz, Pfeffer und Lorbeerblatt würzen. Die Hühnerstückchen und die Zwiebeln in die Sauce zurücklegen und kurz vor dem Anrichten die feingeschabte Hühnerleber und das verrührte Blut untermischen. Einige Minuten ziehen lassen.
In jedem Suppenteller geröstete Brotscheiben und darauf das Hühnerklein anrichten.

Galinha de cabidela

1 junges Huhn, 3 EL Butter, 8 - 10 kleine Zwiebeln, 1 Tasse Fleischbrühe, 1 Glas Rotwein, 1 EL Cognac, Lorbeerblatt, Salz, Pfeffer, Mehl.

Frango à portuense

1 junges Huhn, 1/2 Glas Weißwein, 1/2 Tasse Fleischbrühe, Petersilie, Salz, Pfeffer, 2 EL Butter, 2 EL geriebener Schafskäse, Mehl

Hühnchen auf Porto-Art

Das Hühnchen mit einem Eßlöffel Butter, einem Sträußchen Petersilie in Weißwein und Fleischbrühe aufsetzen, mit Salz und Pfeffer würzen. Nach einer halben bis dreiviertel Stunde das Hühnchen herausnehmen, warm stellen. Die Sauce mit einer Mehlschwitze aus einem Eßlöffel Mehl und einem Eßlöffel Butter eindicken und mit etwas Wasser verlängern, falls sie zu stark eingekocht sein sollte. Eine feuerfeste Form mit etwas Sauce ausgießen, das Hühnchen hineinlegen, den Rest Sauce darüber füllen, mit geriebenem Schafskäse (oder irgend einem anderen trockenen Käse) bestreuen. Im Ofen bräunen lassen. Dazu Butterreis.

Galinha à baroneza

1 Huhn, Wein und Knoblauch, 1 Ei, geriebenes Brot, Weißwein

Huhn nach Art der Baronin

„Ein Huhn" sagt das Rezept, es sagt nicht „ein junges Huhn" und daher scheint mir diese Zubereitung geeignet für ein älteres Huhn oder eins dieser wenig schmackhaften Tiere, die uns heute in den Supermärkten angeboten werden. Also: ein gut vorbereitetes Huhn in sechs Stücke zerlegen, die in einer Marinade von Wein und Knoblauch (siehe Vinos de alhos) eingelegt werden. Nach drei bis vier Stunden nimmt man die Stücke heraus, trocknet sie mit Küchenpapier ab, zieht sie durch verrührtes Eigelb, geriebenes Brot und brät sie in Butter oder Schmalz.
Man reicht sie mit einer Sauce, die aus dem Rest des Bratfetts, dem Wein und Knoblauch, einem Stückchen Butter, und geriebenem Brot bereitet wird. Mit Weißwein anrühren, wenn das Bratenfett nicht ausreicht.
Die heiße Sauce wird entweder über die Hühnerstücke gegossen oder in einer Saucière gereicht.

Frango fidalgo

1 Hühnchen, 1 - 1 1/2 kg schwer, 250 g Fleischwurst, 50 - 60 g Champignons, Salz, Pfeffer, 1 Scheibe durchwachsener Speck, Kastanien, Schmalz, Butter

Hühnchen auf feine Art

Ein gut gesäubertes Hühnchen in kaltem Wasser mit etwas Salz und Butter zum Kochen bringen, einige Minuten kochen lassen, herausnehmen, kühl stellen. Eine Farce aus 250 g Fleischwurst und 50 g geputzten, zerschnittenen, in Butter angeschwitzten Champignons herstellen. Das Hühnchen füllen, zunähen. In einer Bratpfanne in heißer Butter bräunen.
Eine feuerfeste Form leicht mit Butter ausstreichen, das Hühnchen einlegen, sechs kleine Speckwürfel dazugeben und mit in Fleischbrühe gekochten Kastanien füllen. Mit der Brühe, in der das Hühnchen gekocht worden ist, auffüllen und das Hühnchen im vorgeheizten Ofen fertigbraten. In der Form reichen.

Frango com ervilhas

1 Huhn, 2 Zwiebeln, 500 g junge Erbsen, Petersilie, Salz, Pfeffer, Schmalz

Huhn mit jungen grünen Erbsen

Ein junges gut vorbereitetes Huhn in sechs Stücke teilen. Fein zerschnittene Zwiebeln in Schmalz goldgelb schwitzen, herausnehmen. Hühnerstücke einlegen, anbräunen. Etwas heißes Wasser zugeben, einige Petersilienstengel einlegen, mit Salz und Pfeffer abschmecken, zudecken, kochen lassen. Petersilienstengel entfernen, die Erbsen einfüllen, wenn nötig noch kochendes Wasser nachfüllen. Mit geschlossenem Deckel köcheln lassen bis Huhn und Erbsen gar sind.
In einer zugedeckten Schüssel reichen.
Wie es scheint, sind auch in Portugal die jungen grünen Erbsen selten geworden, da sie sofort in den Fabriken verschwinden.
Wenn man sie auf dem Markt erblickt, sollte man sie sofort kaufen, um dieses vorzügliche Gericht zu bereiten.

Frango na púcara

1 Hühnchen von 500 bis 600 g, 150 g Schinken, 4 Tomaten, 10 kleine Zwiebeln (so klein wie möglich), 125 g Butter, 2 Löffel Senf, 2 zerdrückte Knoblauchzehen, 2 Gläser Portwein, 1 Glas Cognac, Weißwein nach Bedarf, Salz, Pfeffer

Hühnchen im Krug gekocht

Das Hühnchen gut vorbereiten, mit allen nachstehend genannten Zutaten in den Krug geben und zugedeckt in den Ofen stellen. Sobald der Inhalt kocht, den Deckel abnehmen, damit das Hühnchen schön braun wird. Man reicht Bratkartoffeln dazu.

Pato com arroz

1 Ente, 1 Zwiebel, 1 Mohrrübe, 100 g durchwachsener Speck, 150 g roher Schinken, 50 g Butter, 6 Pfefferkörner, Salz, 250 g Reis

Ente mit Reis

Entenklein, zerschnittene Zwiebel und Mohrrübe, Speck und Schinken in einem Liter Wasser, mit 6 Pfefferkörnern und Salz gewürzt, gar kochen. Die Ente in einen nur wenig größeren Topf legen, die durchgeseihte Brühe darüber gießen, langsam sieden lassen. Die fertige Ente in einer feuerfesten Form in den warmen Ofen stellen. Die Brühe nochmals zum Kochen bringen, mit siedendem Wasser auffüllen, so daß es etwas mehr als einen Liter Flüssigkeit ergibt, und den Reis darin quellen lassen.
Den fertigen Reis um die Ente anrichten. Die Ente mit Speck- und Schinkenscheiben, den Reis mit Butterflöckchen bedeckt im heißen Ofen bräunen lassen. Sehr heiß reichen.
Häufig wird die Ente noch mit Scheiben von stark geräucherter Wurst (chouriço) und der gekochten Leber garniert, bevor sie in den Ofen kommt.

Truthahn auf Lissabonner Art

Perú assado à lisboeta

1 Truthahn, einige Scheiben fetter Speck, 50 g Butter, Salz, Essig

Truthahn ausnehmen, sengen, innen und außen mit gesalzener Butter einreiben, mit einer der aufgeführten Füllungen ausstopfen, zunähen, mit Speckscheiben bedeckt im heißen Ofen braten.

Fleischfüllung:

Herz, Leber und Magen des Truthahns, 125 g Speck, 250 g Schabfleisch (halb Schwein, halb Rind), 1 Zwiebel, 1 - 2 Eier, Weißbrot, Zitrone, Muskatnuß, Salz, Pfeffer

Herz, Leber und Magen durch die Maschine drehen, mit dem Schabfleisch, ein bis zwei Eigelb, in Milch eingeweichtem Brot und einer in Butter gedünsteten Zwiebel mischen, mit Salz, Pfeffer, Muskatnuß und Zitronensaft abschmecken.

Kartoffelfüllung:

Herz, Leber, Magen, 1/2 Glas Weißwein, 1 kg Kartoffeln, 120 g Butter, 1 Ei, Salz, Pfeffer, Milch

Kleingeschnittene Leber, Herz und Magen in Butter anbraten, mit Weißwein ablöschen, salzen, pfeffern, zugedeckt fertig dünsten. Kartoffelpüree mit Ei, Milch und Butter verrühren und das Truthahnklein untermischen.

Kastanienfüllung:

Truthahnleber, 250 g Schweinefleisch, 250 g Speck, 700 g Kastanien, Milch, Salz, Butter zum Anbraten

Schweinefleisch und Speck durch die Maschine drehen. Kastanien schälen, brühen, Haut abziehen, in halb Milch, halb Wasser gar kochen, durchpassieren, kleingeschnittene Truthahnleber in Butter anbraten und mit dem Kastanienpüree und dem Fleisch mischen.
In Portugal gibt man dem Kochwasser der Kastanien oft ein paar Körnchen Anis bei.

Rebhühner nach Art des Alcântara-Klosters in Lissabon

Perdizes à Alcântara

4 Rebhühner, 1 Dose Gänseleber, 12 Trüffeln, Portwein, Butter

Rebhühner sauber rupfen, ausnehmen, die Brustknochen nach Möglichkeit entfernen, leicht mit Salz einreiben, mit Gänseleber und Trüffelscheiben füllen, zunähen. Die Rebhühner in Portwein einlegen. Nach 48 Stunden mit dem Portwein in eine Kasserolle geben, langsam kochen lassen. Sobald die Rebhühner gar sind, herausnehmen, warm stellen. Die Sauce, der einige Trüffelscheiben beigegeben werden können, etwas einkochen lassen. Die Rebhühner wieder hineinlegen, und die Kasserolle verschlossen in den Ofen stellen. Kurz vor dem Anrichten noch etwas Butter zugeben. Die Rebhühner werden auf gerösteten Brotscheiben angerichtet. Man reicht dazu Apfelpüree.

Perdizes com couve lombarda

2 Rebhühner, Weißkohl, 200 g durchwachsener Speck, 2 Mohrrüben, 2 Zwiebeln, Nelke, Lorbeerblatt, Muskatnuß, Pfeffer, Salz, 1 Stückchen scharf gewürzte Wurst (chouriço), Fleischbrühe

Rebhühner mit Kohl

Gut vorbereitete, leicht mit Salz ausgeriebene, mit Speckscheiben umwickelte Rebhühner und eine zerschnittene Zwiebel von allen Seiten anbraten. Weißkohl halbieren, vom Strunk befreien, blanchieren, ausdrücken und die Hälften mit einer Nelke, einem halben Lorbeerblatt, Mohrrüben, Zwiebel- und Wurstscheiben über die Rebhühner verteilen, mit etwas Pfeffer und Muskatnuß würzen.
Fleischbrühe darüber gießen, und das Gericht auf kleiner Flamme schmoren lassen.

Variante:

Rebhühner, Weißkohl, Mohrrüben, Zwiebeln, 200 g durchwachsener Speck, 1 TL, Mehl, 1/2 Glas Weißwein

Gut vorbereitete, leicht mit Salz ausgeriebene und mit Speckscheiben umwickelte Rebhühner anbraten, zerschnittene Zwiebel zugeben, zugedeckt gar schmoren lassen. Zwiebel- und Mohrrübenscheiben in durchwachsenem Speck anrösten, einen Teelöffel Mehl beifügen, Weißwein aufgießen, mit Salz und Pfeffer würzen, und den vorbereiteten Kohl darin zugedeckt schmoren lassen.

Perdizes na púcara

4 Rebhühner, 120 g „chouriço de carne", 1 große Speckscheibe, Salz, Colorau (Roter Pfeffer), 70 g Butter

Rebhühner im Krug gekocht

In jeden Topf vier kleine Zwiebeln, 10 g feine Scheiben von „chouriço de carne" (eine dünne, stark gewürzte Mettwurst), einige feine Speckstreifen und die vorher mit Salz und Rotem Pfeffer (colorau) abgeriebenen Rebhühner einlegen. Den Topf auf einer Asbestplatte aufs Feuer stellen, die Rebhühner fast gar kochen, herausnehmen, warm stellen.
Die Sauce mit etwas in Milch verrührter Maizena (Maismehl) anrühren, zwanzig Minuten köcheln lassen, die Rebhühner wieder einlegen, fertig kochen, etwas Butter einrühren.
Dieses Gericht habe ich zuerst in der Posada von Obidos probiert. Es wurden Bratkartoffeln und Salat dazu gereicht.

Coelho à caçadora

1 junges Kaninchen, 30 g Schmalz oder Butter, 1 EL Olivenöl, 1 Zwiebel, 1 Lorbeerblatt, 1 Knoblauchzehe, 1 TL gehackte Petersilie, 2 EL Tomatenpüree oder 4 enthäutete, entkernte und zerdrückte Tomaten, Salz, Pfeffer, 1/2 Glas Rotwein, 1 Tasse Fleischbrühe

Kaninchen auf Jägerart

Nach Möglichkeit vom frisch geschlachteten Kaninchen das Blut auffangen und mit etwas Rotwein verrühren. Das Kaninchen ausnehmen, teilen, in heißer Butter und Olivenöl von allen Seiten anbraten. Tomatenpüree, Petersilie, Zwiebel, Lorbeerblatt zugeben. Mit einer Tasse siedender Fleischbrühe und dem Rotwein (mit Blut oder auch ohne) auffüllen und 45 Minuten schmoren lassen. Mit Salz und Pfeffer abschmecken. In der Sauce anrichten.

Lebre estufado (Alentejo)

1 Hase, 200 g durchwachsener Speck, Petersilie, Lorbeerblatt, Nelken, Pfefferkörner, 1 Knoblauchzehe, 1 Glas Weißwein, 1 EL Weinessig, Tomaten oder Tomatenmark, Olivenöl, Mehl, Salz

Geschmorter Hase

Einen tranchierten Hasen über Nacht in Wein einlegen. Speckscheiben auslassen, die Hasenstücke schön braun werden lassen, mit gehackter Petersilie, einem halben Lorbeerblatt, zwei Nelken, drei bis vier Pfefferkörnern, Salz und Knoblauchzehe würzen und zwei abgehäutete Tomaten oder zwei Eßlöffel Tomatenmark beigeben. Mit einem Glas Wein und einem Eßlöffel Essig ablöschen und zugedeckt schmoren lassen. Die Sauce nach Bedarf mit etwas siedendem Wasser verlängern, durch ein Sieb geben, mit Mehl binden. Die Hasenstücke in der Sauce anrichten.

Gemüse, Reis, Eier

Hortaliça, Arroz, Ovos

Gemüse, Salat und Eier sind von jeher treue Begleiter der portugiesischen Mahlzeit. Fleisch ist für die meisten Menschen in diesem Lande eher eine Zugabe zu den Gemüsen als ein Hauptgericht. Die Grundlage der frugalen Kost sind weiße und farbige Bohnen, Kichererbsen und Reis, denen ein Stückchen *chouriço* oder geräucherte Schweinezungen Fleischgeschmack geben.
Die feinere Küche kennt eine Vielzahl von Gartengemüsen, auch Wildgemüse und viele Arten von Kräutern. Petersilie, Koriander, Minze, Lorbeerblätter und Knoblauch hat die portugiesische Hausfrau stets zur Hand.
Reis war schon zur Maurenzeit bekannt. Da die Reiskultur aber große Mittel erfordert, die nur die großen Besitzungen oder der Staat gewähren kann, so entwickelten sich Reisfelder vor allem im Ribatejo und im Sadotal, und ihr Besitz lag in den Händen der Großgrundbesitzer. Vor der Revolution war das Land gut mit Reis versorgt, der in guter Qualität (vor allem von Palma) auf den Markt kam. Heute deckt das Ausland den Bedarf.
In früheren Zeiten pflegte die portugiesische Hausfrau, die stets um das Wohl des Gastes besorgt war, zu fragen: *„Quer mais um ovo?“* Möchten Sie noch ein Ei?, lautete die liebenswürdige Frage.

Erbsen mit Reis als Pudding nach Art von Crato

Trockenen Reis zubereiten. Erbsen in wenig Salzwasser gar dünsten. In einer feuerfesten Form feingehackte Zwiebeln und Knoblauch in Butter glasig werden lassen, kleingehackten Schinken, Reis, Erbsen untermischen und mit Salz, Pfeffer und ein wenig Muskatnuß würzen. Eier zerklopfen und daruntergießen. Fünfzehn Minuten im Ofen gratinieren.

Ervilhas com arroz em pudim (Crato)

400 g Reis, 4 Tassen junge grüne Erbsen, 200 g fetter Schinken, 3 Zwiebeln, 1 Knoblauchzehe, Muskatnuß, Pfeffer, Salz, 4 Eier, 50 g Butter

Blumenkohlpudding mit Spinatsauce

Pudim de puré de couve-flor com molho de suco de espinafres

1 Blumenkohl, 4 Eier, 3 EL Mehl, 1 Tasse Milch, 2 1/2 EL Butter, Salz, Pfeffer, geriebener Käse.
Spinatsauce:
20 g Butter, 15 g Weizenmehl, 1 Tasse Milch, Salz, Pfeffer, Muskatnuß, 1/2 kg Spinat oder halb Spinat, halb Brunnenkresse, Petersilie

Blumenkohl, knapp mit Wasser bedeckt, kochen, abgießen und durch ein Sieb drücken. Mehl und Butter abbrennen, mit Milch auffüllen, mit geriebenem Käse, Salz, Pfeffer würzen. Blumenkohlpüree dazu geben, nach und nach ein Eigelb und drei Eier unterziehen. Die Masse in gut ausgefetteter Puddingform eineinhalb Stunden im Wasserbad oder im Ofen sachte sieden lassen, in eine Schüssel stürzen, mit Spinatsauce übergießen.

Spinat mit siedendem Salzwasser überbrühen, abgießen, mit kaltem Wasser überbrausen, in einem Tuch ausdrücken, fein hacken. Butter und Mehl einbrennen, mit Milch auffüllen, auf kleiner Flamme sämig kochen lassen. Spinat und gehackte Petersilie untermischen, mit Salz, Pfeffer und ganz wenig Muskatnuß würzen.

Brotbrei mit Knoblauch

Açorda de alho à portuguesa

500 g Weißbrot, 1 l Wasser, 6 EL Olivenöl, 3 Knoblauchzehen, Salz

Trockenes Weißbrot zerkrümeln, Knoblauchzehen halbieren, in Olivenöl anbräunen, herausnehmen. Brot und Wasser zugeben, salzen, umrühren, bis alle Flüssigkeit aufgesogen ist. Heiß zu Setz- oder Rühreiern reichen.

Brotbrei auf alentejanische Art

Açorda ou migas à alentejana

500 g Schweinefleisch, 200 g Weißbrot, Knoblauch, Salz, süßer Paprika, 1/2 l Wasser

Fettes Schweinefleisch in Stückchen schneiden, mit Salz, Knoblauch und süßem Paprika würzen, stehen lassen, dann im eigenen Fett braten, herausnehmen. In das Fett trockenes Weißbrot einbrocken, Wasser zugeben, abrühren, bis alle Flüssigkeit aufgenommen ist. Fleisch und Brotbrei heiß auf einer Schüssel anrichten. Ein Gläschen Branntwein dazu reichen.

Brotbrei mit Schinken auf alentejanische Art

Açorda de presunto à alentejana

125 g Schinken, 125 g geräucherte Wurst (chouriço), 100 g frischer Speck, 300 g Brot, Salz, Pfeffer

Schinken und Wurst in Scheiben schneiden. Speckwürfel auslassen, Schinken- und Wurstscheiben zugeben, einige Minuten braten lassen, herausnehmen. Eingeweichtes Brot in das Fett geben, glattrühren, würzen. Den Brotbrei, mit den Schinken- und Wurstscheiben garniert, heiß auftragen.

Feijão verde guisado

500 g grüne Bohnen, 2 Zwiebeln, 300 g Tomaten, 30 g Butter, Petersilie, Salz, Pfeffer, Essig, Olivenöl

Grüne Bohnen

Bohnen waschen, Fäden abziehen, in Stücke schneiden. Zwiebelringe in Öl glasig werden lassen, feingehackte Petersilie und abgehäutete, zerschnittene Tomaten beigeben, alles weich kochen und durch ein Sieb streichen. Die Bohnen in dieser Sauce, zugedeckt, auf kleiner Flamme gar kochen lassen. Kurz vor dem Anrichten mit einem Teelöffel Essig, Salz und Pfeffer abschmecken und mit einem Eßlöffel Butter verfeinern.

Peixinhos da Horta

500 g grüne Bohnen, Salz, Ausbackteig, Olivenöl

Grüne Bohnen in Teig

Grüne Bohnen waschen, Fäden abziehen, unzerteilt in Salzwasser halbgar kochen. Einen Ausbackteig bereiten (siehe Seite 123). Die erkalteten, abgetropften Bohnen zu kleinen Bündchen zusammenbinden, in den Teig eintauchen, in heißem Olivenöl kross backen. Die Bohnen als selbständigen Gang oder als Beilage zu kaltem Fleisch reichen.

Feijão verde à minhota

500 g grüne Bohnen, 200 g Zwiebeln, 200 g Tomaten, 3 EL Olivenöl, 1 EL Essig, Petersilie, Salz, Pfeffer, Mehl

Grüne Bohnen, wie man sie am Minho ißt

Zwiebeln häuten, in Scheiben schneiden, Tomaten häuten, in Stückchen schneiden, Bohnen abziehen, in feine Streifen schneiden. Zwiebeln in Olivenöl glasig dünsten, gehackte Petersilie, Tomaten und Bohnen zugeben, mit Wasser auffüllen, so daß das Gemüse knapp bedeckt ist, salzen, pfeffern. Eine gute halbe Stunde kochen, dann mit Mehl andicken, mit Essig säuern und noch etwas durchziehen lassen.

Favas à moda de Amarante

1 kg Saubohnen, 100 g Räucherspeck, zum Teil in feinen Scheiben, 150 g „linguiça" (Art Mettwurst), 150 g „chouriço" (scharf gewürzte Kochwurst mit viel Knoblauch), 150 g „paio" (Art Rollschinken), Petersilie, Kümmel, 1 EL Mehl, Colorau (Roter Pfeffer), 1 l Fleischbrühe

Sau- oder Puffbohnen nach Art von Amarante

Saubohnen enthülsen, falls die Bohnen nicht mehr jung und klein sind, die Haut abziehen. Achtung: enthäutete Bohnen sind früher gar und zerfallen leicht! Ein Stückchen Speck auslassen, eine Zwiebel darin glasig werden lassen.
Gehackte Petersilie, ein wenig Kümmel, Scheibchen von Speck, *paio, linguiça* und *chouriço* zugeben, mit Fleischbrühe oder Wasser auffüllen, kochen lassen, die fertigen Bohnen zugeben, bei kleiner Hitze garkochen. Wiederholt den Topf schütteln, aber nicht umrühren. Bei Bedarf Flüssigkeit nachfüllen. Andicken durch ein wenig, mit Colorau vermischten, in Wasser angerührtem Mehl.
Die gekochten Bohnen in einer silbernen Schüssel anrichten, mit Speckröllchen und Wurstscheiben garnieren.
„Auf diese Weise wird aus den armen Saubohnen ein Gericht von großer Klasse!" sagt man in der Casa da Cerca de Santa Clara in Amarante.

Dicke oder Saubohnen

Speck in Stückchen schneiden, in Schmalz anrösten, Zwiebel zugeben, bräunen lassen, mit Wasser oder Fleischbrühe löschen. Die ausgeschälten Bohnen samt Bohnenkraut zugeben und halb fertig kochen. Mit Salz und Pfeffer würzen. Wurstscheiben beifügen, sachte weiter kochen lassen. Kurz vor dem Anrichten eine halbe Tasse Sahne über die Bohnen gießen.

Junge Saubohnen von Schoten und Häutchen befreien. In einer feuerfesten Form eine gehackte Zwiebel in Schmalz und Olivenöl anbräunen. Bohnen und Korianderblättchen zugeben, mit so viel Wasser auffüllen, daß die Bohnen knapp bedeckt sind. Auf kleiner Flamme kochen lassen. Mit Salz und Pfeffer würzen. Kurz vor dem Anrichten die Eier über den Bohnen aufschlagen, zudecken und am besten im Ofen stocken, aber nicht hart werden lassen.

Favas guisadas

1 kg Saubohnen, 1 Zwiebel, 50 g durchwachsener Speck, 1 EL Schmalz, Salz, Pfeffer, Bohnenkraut, 1 Stückchen stark gewürzte Wurst (chouriço), 1/2 Tasse Sahne, Wasser oder Fleischbrühe.

Variante:

2 kg Saubohnen, 1 Zwiebel,
2 EL Olivenöl, 1 EL Schmalz, 4 Eier,
Salz, Pfeffer, Korianderblätter

Grüne Eier nach Art von Figueira

Acht Eier hart kochen, schälen, der Länge nach teilen. Das Eigelb herausnehmen und zerdrücken. Feingehackte Zwiebel in Butter glasig dünsten, das zerdrückte Eigelb, gehackte Petersilie und geriebenes Weißbrot zugeben, glatt rühren und mit Salz und Pfeffer abschmecken. Die Masse in die Eihälften füllen. Ein Ei zerklopfen, mit etwas Mehl zu einem dünnen Teiglein verquirlen und mit gehackter Petersilie und Salz würzen. Die Eihälften im Teig wenden, mit der Füllung nach unten in heißer Butter braten. Dazu wird *molho de vilão* gereicht (siehe Seite 87).

Ovos verdes à Figueirense

9 Eier, Petersilie, 1 Zwiebel,
2 EL geriebenes Weißbrot, Salz, Pfeffer,
Mehl, Butter zum Braten

Gefüllte Kartoffeln

Eine Anzahl gleichmäßiger, nicht zerkochender Kartoffeln mit der Schale in Salzwasser fast gar kochen. Von jeder Kartoffel ein Deckelchen abschneiden, das Innere (nicht zu viel) aushöhlen.

Die ausgekratzte Kartoffelmasse durch ein Sieb geben, Salz, Pfeffer, ein Löffel Parmesankäse, zwei Eigelb und zwei zu Schnee geschlagene Eiweiß zugeben, gut vermischen.

Die Kartoffelmasse in die Kartoffeln füllen, 1 Stückchen Butter darauf legen. Die Kartoffeln in einer gut ausgestrichenen, feuerfesten Form in den vorgeheizten Ofen stellen und die Kartoffeln Farbe annehmen lassen.

Batatas recheadas

8 Kartöffelchen für 4 Personen,
Milch, Butter zum Ausstreichen und
Auflegen, Salz, Pfeffer, 2 Eier, Parmesan

Puré de castanhas com presunto

1½ kg Kastanien, 2 EL Butter,
1 EL Schmalz, 125 g fetter Schinken,
1 Apfelsine, Anis, Salz, Pfeffer

Kastanienpüree mit Schinken

Kastanien schälen, abbrühen, von der braunen Haut befreien und mit etwas Anis in Salzwasser weich kochen. Einige Kastanien zurückbehalten, die übrigen durch ein Sieb streichen. Das Kastanienpüree mit Butter über schwachem Feuer abrühren, mit Salz und Pfeffer würzen. Feine Schinkenscheiben in Schmalz glasig dünsten. Das Kastanienpüree in einer Schüssel anrichten, mit Schinkenscheiben und Kastanien belegen. Das ausgelassene Schinkenfett mit dem Saft einer Apfelsine verrühren und über das Kastanienpüree gießen. Sehr heiß reichen.

Couve com vinho

500 g Weißkohl, 100 g geräucherter Speck,
½ Glas Weißwein, Muskatnuß, Salz,
Pfeffer, Oliven

Weißkohl mit Wein

Fein gehobelten Weißkohl abbrühen. Speck in dünne Scheiben schneiden, im Topf glasig werden lassen. Kohl zugeben, mit Muskatnuß, Salz, Pfeffer abschmecken, mit Weißwein übergießen, fertig schmoren lassen. Den Kohl beim Anrichten mit Oliven garnieren.

Abóbora guisada com Tomates

1 kg Kürbis, 2 Tomaten, 1 Zwiebel,
Petersilie, Salz, Pfeffer, Olivenöl

Kürbis mit Tomaten (Nationalgericht)

Kürbis schälen, Kerne und weiches Fleisch entfernen, das feste Fleisch in kleine Stückchen schneiden. Gehackte Zwiebel in Olivenöl andünsten, zwei enthäutete, entkernte Tomaten fünf Minuten mitschmoren lassen. Dann den Kürbis zugeben, mit Petersilie überstreuen und 20 – 25 Minuten kochen lassen. Mit Salz und Pfeffer würzen. Zu gekochtem Fleisch oder als selbständiges Gericht, mit Wurstscheiben belegt, reichen.

Esparregado de acelgas

Mangoldbrei

Mit *esparregados* bezeichnet die portugiesische Küche jeden spinatartigen Gemüsebrei. Es gibt kaum ein Gemüse, dessen zarte Blätter nicht in dieser Form verwendet werden. Selbst Wildgemüse sind beliebte *esparregados*. Aus der Fülle der Gemüse nennen wir: Blätter von weißen Rüben, Radieschen, Sauerampfer, Portulak oder Nesseln. Sie werden meistens mit Schinkenscheiben oder Scheiben von geräucherter Schweinszunge aufgetragen.

1 kg abgebrühte Mangoldblätter,
6 EL Olivenöl, 6 EL Milch, 1 EL Mehl,
1 Knoblauchzehe, Salz, Pfeffer,
Semmelbrösel

Mangoldblätter waschen, von den Stengeln streifen, in siedendem Salzwasser abbrühen, ausdrücken, fein hacken. Knoblauch in Öl bräunen, herausnehmen, Mehl einbrennen, mit Milch auffüllen. Die gehackten Mangoldblätter untermischen, mit Pfeffer und Salz würzen. Das Gericht wird, mit Semmelbröseln bestreut, aufgetragen.

Arroz Chow-Chow

500 g Reis, 8 Eier, 120 g Butter, 250 g gekochtes Geflügel- und 150 g gekochtes Schweinefleisch, 50 g roher Schinken, 20 Walnüsse, 20 Mandeln, 3 EL Milch, Petersilie, Salz, Pfeffer.

Variante:
4 Eier, 80 g Schmalz, 1 Tasse junge grüne Erbsen, 1 Tasse Krabben, 150 g geräucherte Wurst, 150 g roher Schinken, Sojasauce, 2 Stangen Lauch, 500 g Reis

Reisgericht aus der portugiesischen Besitzung Makau in Südchina

Den trockenen, am Vortag in leicht gesalzenem Wasser gekochten Reis in Butter heiß werden lassen. Separat das kleinwürfelig geschnittene Geflügel – und Schweinefleisch sowie den Schinken in Butter dämpfen, dann mit dem Reis vermengen. Aus acht Eiern, Milch, 30 g Butter, Salz und Pfeffer ein festes Rührei bereiten, mit gehackter Petersilie bestreuen, klein schneiden und unter den Reis mischen. Nüsse und Mandeln abbrühen, abziehen, fein hacken und über den Reis streuen. Sehr heiß anrichten.

Lauch, Wurst, Schinken klein schneiden, in Schmalz dämpfen. Krabben, Erbsen zufügen. Salzen, Pfeffern. Von vier Eiern ein Omelett bereiten, in Streifen schneiden, kurz vor dem Anrichten zum Reis geben. Nach Belieben mit Sojasauce abschmecken.

Arroz de peixe

400 g Reis, 400 g Fisch, 1 große Zwiebel, 2 Mohrrüben, 1 Stück Sellerie oder Lauch, Petersilienwurzel, Olivenöl, Salz, Pfeffer

Fischreis

Mohrrüben, Petersilienwurzel, Sellerie oder Lauch in Salzwasser aufkochen, Fisch einlegen, gar ziehen lassen. Fisch herausnehmen, von Haut und Gräten säubern, in kleine Stücke zerpflücken, warm stellen. Das Kochwasser durchgießen, mit Wasser auffüllen, so daß es ungefähr sechs Tassen Flüssigkeit ergibt. Eine feingehackte Zwiebel in Olivenöl glasig dünsten, den Reis einschütten, anrösten. Fischwasser aufgießen und das Ganze auf kleiner Flamme gar kochen lassen. Beim Anrichten vorsichtig den Fisch untermischen.

Arroz do forno

400 g Reis, 100 – 150 g Schinkenwürfel, geräucherte Wurst (chouriço), Bauernwurst (salpicão), 1 Zwiebel, 2 Mohrrüben, Petersilie, 1 EL Schmalz, 1 EL Olivenöl, Salz, Pfeffer

Ofenreis

In einer feuerfesten Form Schinkenwürfel, Zwiebelringe, zerschnittene Mohrrüben und gehackte Petersilie in Schmalz und Olivenöl andünsten, mit etwas Wasser ablöschen. Wurstscheiben zugeben, sachte weich schmoren lassen. Schinken, Wurst und Mohrrüben herausfischen, warm stellen.
Die Brühe mit siedendem Wasser auffüllen – je zwei Tassen Flüssigkeit für eine Tasse Reis –, Reis einschütten, zehn Minuten kochen lassen. Schinkenwürfel, Wurstscheiben, Mohrrüben untermischen.
In den Ofen stellen, den Reis gar werden lassen.
Leicht variiert als Reis mit Fleisch und Zwiebeln heißt dieses Gericht *arroz de substância* (Gehaltvoller Reis). Man verwendet in dem Fall Zwiebeln, Lauch, Knoblauch, Stückchen von gekochtem Rindfleisch, Fleischbrühe statt Wasser.

Sauerampfer-Püree

Sauerampferblätter waschen, in kochendem Wasser abbrühen, mit kaltem Wasser erfrischen. Das Wasser ausdrücken, die Blätter fein hacken.
In einer Kasserolle ein Stück Butter auslassen, mit einem kleinen Löffel Weizenmehl abrühren, zwei Eigelb unterziehen und mit Muskatnuß, Salz und Pfeffer abschmecken. Die Sauerampferblätter untermischen, das Püree über dem Feuer abrühren.

Puré de azedas

1 Kilo Sauerampferblätter, 2 Eigelb,
1 TL Mehl, Muskatnuß, Salz, Pfeffer

Grüne Spargel mit Eiern auf alentejanische Art

Grüne Spargelspitzen, die leicht bitter schmecken, eignen sich vorzüglich zu Eierspeisen. Im Alentejo ißt man sie auf folgende Art: Spargelspitzen in wenig Salzwasser weich kochen, abgießen und abtropfen lassen, Schinken in Würfel schneiden, mit den Spargelspitzen und geriebenem Käse mischen. Butter oder Öl in der Pfanne erhitzen, Schinken und Spargel hineingeben und die verquirlten, mit Salz gewürzten Eier dazugießen. Gerinnen lassen, zusammenklappen und sofort anrichten.

Espargos silvestres com ovos à alentejana

500 g grüner Spargel, 300 g Schinken,
10 g geriebener Käse, 3 – 4 Eier,
Öl oder Butter zum Backen, Salz

Zwiebelgericht

Zwiebeln in gleichmäßige Scheiben schneiden, in Butter glasig dünsten. Eine Knoblauchzehe und gehackte Petersilie dazugeben, mit Essig und Tomaten-Püree auffüllen, salzen, pfeffern und den gehackten Schinken untermischen. Auf kleiner Flamme einige Minuten stehen lassen.
Zu Rühr- oder Setzeiern oder gebratenen Fischen.

Cebolada

2 große Zwiebeln, 50 g Butter,
2 EL Tomatenpüree, 1 EL Weinessig,
1 Knoblauchzehe, Petersilie, Salz,
Pfeffer, 100 g Schinken

Süß-Speisen

Doces

O doce nunca amargou
Süßes wird niemals bitter

Dieses alte Sprichwort haben sich die portugiesischen Hausfrauen zu Herzen genommen. Sie scheuen keine Mühe, wenn es um die Bereitung einer süßen Speise geht – eines zarten Biskuits oder einer der vielen Süßigkeiten, die ein Erbe ihrer „naschhaften Vorfahren" sind. Kein Teil der portugiesischen Mahlzeit wird mit so viel Liebe bedacht wie die Süßigkeiten! Die Angst um die schlanke Linie beherrscht in diesem Lande noch keinen Kaffeetisch, kein festliches Essen, und die Auswahl an Kuchen und Torten bei einer Hochzeitstafel ist sehenswert. Die Rezepte *Doce para chá* (Süßes zum Tee) und *Doce para fim do jantar* (Süße Nachspeisen) füllen mehr Seiten der Kochbücher als alle anderen Rezepte zusammen. Die traditionellen Zutaten sind: Eier, Mandeln und Zucker. Doch welche Vielseitigkeit der Verwendung: bald erscheinen sie als übersüße Pastetchen, bald als lockerer Schaum oder goldgelbe Eierfädchen. Keine Frucht, die nicht als süßer Leckerbissen auf die Tafel käme! Sogar Kartoffeln, Bohnen und Kürbis werden kunstgerecht zu Kuchen verarbeitet! Manches süße Rezept ist heute noch streng gehütetes Geheimnis, und selten geben portugiesische Hausfrauen ihre ererbten Rezepte preis. Einige aber finden Sie auf den folgenden Seiten.

Ananas nach Bento da Maia

Eine reife mittelgroße Ananas abschälen, in dünne Scheiben quer durch die Frucht schneiden. Jede Scheibe, bevor man sie übereinander in eine Glasschüssel legt, zuckern. Zuletzt den Saft einer Zitrone übergießen und die Frucht einige Stunden kalt stellen.
Zitronensaft verstärkt bei Ananas und Erdbeeren den Eigengeschmack.

Ananas à Bento da Maia

1 mittelgroße Ananas von den Azoren, 100 g feinen Zucker, Saft einer Zitrone

Maças assadas com vinho do Porto

10 Renetten, 10 EL Zucker, 50 g Butter, 2 Portweingläser Porto, 10 TL Quittengelee (für 5 – 10 Personen)

Äpfel mit Portwein

Die Äpfel waschen, das Innere ausstechen, nebeneinander auf ein mit Butter ausgestrichenes Kuchenblech setzen. Die restliche Butter auflösen, über die mit der Hälfte des Zuckers bestreuten Äpfel geben und sofort auch den Wein darübergießen. Das Kuchenblech in den heißen Ofen stellen bis die Äpfel gebraten sind. Nun die Äpfel in eine große Glasschüssel stellen, den restlichen Zucker teils überstreuen, teils in die ausgestochene Mitte geben, die darauf mit Quittengelee ausgefüllt wird.

Peras à Crestêlo

10 gleichmäßig große Birnen, ein Schuß Portwein, 1 TL Butter, Walderdbeeren oder Aprikosen

Birnen nach Crestêlo-Art

Zehn gleichmäßig große Birnen schälen und das Kerngehäuse entfernen. In etwas Wasser mit einem Schuß Portwein und einem Teelöffel Butter in einer feuerfesten Form in Ofen dünsten. Nach dem Abkühlen mit Walderdbeeren oder Aprikosenmus füllen. Das Kochwasser abgießen und rings um die Birnen Schlagsahne oder eine Creme garnieren.

Pudim

500 g Weißbrot, 1/2 l Milch, 125 g Zucker, 6 Eier, Zimt, Zitronenschale, 100 g Sultaninen, 50 g abgezogene Mandeln, 1 kleines Glas Portwein oder Malvasier, Butter zum Ausfetten

Pudding

Kochende Milch über das zerkrümelte Weißbrot geben, tüchtig schlagen, nach und nach sechs Eier, eine Prise Zimt und die abgeriebene Zitronenschale zugeben, weiter schlagen. Abgezogene, grob gehackte Mandeln und die in Portwein eingeweichten Sultaninen samt Wein unterziehen. Die Masse in eine gebutterte Form füllen, bei mäßiger Hitze eine Stunde backen. Mit Zucker bestreut servieren.

Statt des Zuckers kann der Pudding auch mit einer Sauce gereicht werden. Hierzu werden zwei Eßlöffel angebräunter Zucker, zwei Eßlöffel Cognac oder Branntwein sowie drei Eßlöffel starker Kaffee gut verquirlt.

Pudim de castanhas

500 g Kastanienmasse, 2 dl Milch, 150 g Butter (einschl. des Ausstreichens), 300 g Zucker, 5 g Zimt, abgeriebene Schale von 1 Zitrone, 1 dl Weißwein, 8 Eigelb, 4 Eiweiß (geschlagen) Weizenmehl zum Bestäuben der Puddingform, Anis

Kastanienpudding

Kastanien – genügend für 500 g Masse – kreuzweise einschneiden, in Wasser mit etwas Anis kochen, abschälen, Haut abziehen, zerdrücken, durch ein Sieb geben.

Die Masse mit den angegebenen Zutaten vermischen. Eine Puddingform mit Butter ausstreichen, mit Mehl bestäuben, die Kastanienmasse einfüllen. Im heißen Ofen fertigkochen.

Die heiße Puddingform öffnen, den Pudding herausstürzen.

Mit heißer Schokoladensauce reichen.

Nußpudding

Nüsse aufknacken, die Kerne in kochendes Wasser tauchen, Häutchen abziehen, trocknen, reiben. Eigelb mit Zucker schlagen, mit den Nüssen mischen, zuletzt das geschlagene Eiweiß unterziehen. Die Puddingform mit Karamel ausgießen, die Nußmasse einfüllen, im Wasserbad oder im Ofen gerinnen lassen.

Pudim de nozes

250 g geschälte Walnüsse, 5 Eier, 125 g Zucker, etwas Karamelzucker

Karamelpudding

Eier mit Zucker schlagen, nach und nach Milch hinzugeben. Sechs kleine Förmchen mit Karamelzucker ausgießen, Eiermasse einfüllen. Im Wasserbad im Ofen gerinnen lassen, bis sich eine Haut bildet. Förmchen kurz vor dem Servieren stürzen.

Pudim Flan

4 Eier, gleiches Gewicht Zucker, 1 volle Tasse Milch, Zucker für Karamel

Speckpudding

Dieser Pudding, auch „Pudding des Abts" genannt, hat seine Geschichte. Der Abt von Priscos, der ein vorzüglicher Koch war, wollte einem Freunde beweisen, daß „die Kochkunst zwar eine schöne Kunst sei, aber ganz in der Hand des Künstlers läge". Die beiden geistlichen Herren bereiteten den Pudding mit gleichen Zutaten, in gleicher Weise, und siehe da: das Resultat war verschieden.

Pudim de touçinho

500 g Zucker, 50 g frischer Speck, 15 Eier, Zimtrinde, Zitronenschale, 1 Gläschen Portwein, Zucker für die Form, Wasser

Einen halben Liter Wasser mit Zimtrinde, Zitronenschale und 50 g fein geschabtem Speck aufkochen, 500 g Zucker hineinschütten. Sobald der Zucker dick vom Löffel läuft, den Topf vom Feuer nehmen und die Zuckermasse duch ein feines Sieb geben. Fünfzehn Eigelb mit dem Gläschen Portwein schlagen und unter die Zuckermasse ziehen. Die Puddingform mit gebranntem Zucker ausstreichen, die Masse einfüllen, die Form verschließen, im Wasserbad etwa 60 Minuten sachte kochen lassen. Das Originalrezept schreibt einige glühende Holzkohlen auf dem Deckel der Puddingform vor, um den Pudding gleichmäßig gerinnen zu lassen. Einfacher ist es, die gut verschlossene Puddingform im Wasserbad im Ofen von allen Seiten zu erhitzen.

Süße Eiercreme

Zucker leicht anfeuchten, bis zum Breitlauf kochen, abkühlen lassen. Eigelb verrühren, durch ein Sieb geben, gut schlagen. Zucker löffelweise dazugeben, auf schwachem Feuer zu einer Creme abrühren. Kalt in einer Glasschüssel servieren.

Ovos moles

150 g feiner Zucker, 5 Eidotter

Creme de baunilha

½ l Milch, 1 Vanilleschote, 1 TL Weizen- oder Maismehl, 200 g Zucker, 6 Eigelb, evtl. 200 g Mandeln

Vanillen-Creme

In einem halben Liter Milch eine Vanilleschote kochen lassen. Einen Teelöffel feines Weizen- oder Maismehl in einer Tasse kalter Milch auflösen, in die heiße Milch geben, 200 g Zucker zufügen, aufkochen, vom Feuer nehmen. Sechs Eigelb verrühren, vorsichtig zur Milch geben, die Milch auf schwaches Feuer stellen bis sich die Creme verdickt hat. Nicht kochen lassen. Zur Garnierung der Birnen nach Crestêlo-Art genügt die Hälfte der angegebenen Zutaten. Man kann diese Creme nach Fertigstellung auch mit 200 g geschälten und zerkleinerten süßen Mandeln bereichern.

Mousse de Chocolate

250 g Schokolade, 1 EL Butter, 5 EL Zucker, 5 Eier

Schokoladenschaum

Schokolade in Stücke brechen, mit einem Eßlöffel Zucker und einem Eßlöffel Butter schmelzen, abrühren, bis die Masse cremeartig wird. Eigelb und Zucker schaumig schlagen, mit der Schokoladenmasse mischen. In die ausgekühlte Creme den festen Schnee der Eier unterziehen. Eisgekühlt in Gläsern reichen.
Eine in Portugal sehr beliebte Speise, die bei keiner Festlichkeit fehlen darf.

Manjar branco

1 l Milch, 300 g Reismehl oder Maizena, 300 g Zucker, 100 g Mandeln, Salz, Orangenblütenwasser

Weiße Speise

Reismehl in einigen Löffeln Milch auflösen. 250 g Zucker in die restliche Milch geben, aufkochen, das Reismehl, ein paar Körnchen Salz, die geschälten, feingeriebenen Mandeln und einen Eßlöffel Orangenblütenwasser zugeben und unter Rühren kochen, bis die Masse dick geworden ist. Die Speise wird in kleinen Häufchen auf Portionsschälchen verteilt, mit Zucker bestreut und mit einem heißen Eisen gebräunt.

Manjar real

1 gekochte Hühnerbrust, 1 EL geriebenes Weißbrot, 125 g Mandeln, 500 g Zucker

Königliche Speise

Hühnerfleisch durch die Maschine drehen, in einer tiefen Schüssel mit dem Stampfer zerdrücken. Einen Eßlöffel geriebenes Weißbrot und 125 g geschälte, geriebene Mandeln mit dem Zucker mischen, mit etwas Wasser anfeuchten und so lange kochen, bis der Zucker Bläschen wirft. Hühnerfleisch dazugeben und unter Rühren weiter kochen, bis die Masse dick wird.
Kleine Förmchen damit füllen und sofort auftragen.

Arroz doce

500 g Karolinen-Reis, 250 g Zucker, 1 Stück Zitronenschale, 4 Eigelb, Salz, 1 1/2 l Milch, Zimt

Süßer Reis

Reis mit kochendem Wasser übergießen, fünf Minuten kochen lassen, Wasser abgießen. Milch mit Zitronenschale und einer Prise Salz aufkochen, Reis zugeben, langsam quellen lassen. Kurz bevor der Reis gar ist, den Zucker einrühren und noch fünf Minuten kochen lassen. Vier Eigelb gut verschlagen und sorgsam untermischen. Den süßen Reis kalt oder warm reichen. Zur Verzierung Buchstaben oder Herzen aus Zimt darauf streuen.

Rabanadas

1 l Milch, 1 Kastenbrot, 6 Eier, 250 g feiner Zucker, Zitronenschale und Zimtrinde, Öl zum Ausbacken. Zur Sauce: Honig, Wasser, Portwein

„Arme Ritter“ in Honigsauce

Milch mit Zimt und Zitronenschale aufkochen, erkalten lassen. 1 – 2 cm dicke Kastenbrotscheiben in der Milch einweichen, abtropfen lassen, in geschlagenem Ei wenden und in reichlich heißem Öl ausbacken.

Die *Rabanadas* entweder noch heiß mit Zucker und Zimt bestreuen oder mit einer Sauce aus gleichen Teilen Honig, Wasser und Portwein anrichten.

Salada de Ananas

1 Ananas, Zucker, 2 Glas Portwein

Ananassalat

Ananas schälen, in dicke Scheiben schneiden, die Scheiben dick eingezuckert aufeinanderlegen, einige Stunden stehen lassen. Kurz vor dem Verzehr die Ananas in kleine Würfel schneiden. Portwein mit dem Zuckersaft mischen und über die Ananasstückchen gießen. Eisgekühlt servieren.

Massa folhada

125 g Weizenmehl, 60 g Butter, 50 g Nierentalg, Salz

Blätterteig

Weizenmehl mit einer winzigen Prise Salz sieben, mit etwas Wasser zu einem geschmeidigen Teig kneten und ausrollen. Die harte Butter und den zuvor gewaschenen, getrockneten und durch ein Sieb gepreßten Nierentalg über den Teig breiten. Die Hälfte des Teiges darüberklappen, ausrollen. Den Teig noch zwei bis drei mal zusammenklappen und wieder ausrollen. Nun ist er gebrauchsfertig.

Massa de rissóis

2 Tassen Mehl, 2 Tassen Wasser, 2 EL Butter

Pastetenteig

Zwei Tassen Wasser mit zwei Eßlöffeln Salzbutter zum Kochen bringen und zwei Tassen Mehl einrühren. Über dem Feuer weiter rühren, bis sich die Masse vom Boden löst. Abkühlen lassen. Den Teig auf bemehltem Brett dünn ausrollen. Mit einem Glas runde Fleckchen ausstechen.

Windbeutelteig

Ein Glas Wasser mit einer Prise Salz und der Butter zum Sieden bringen, Mehl einrühren und so lange weiter rühren, bis der Teig sich vom Boden löst. Topf vom Feuer nehmen, den Teig weiter schlagen, bis er etwas ausgekühlt ist. Nach und nach die ganzen Eier unterziehen und den Brandteig nochmals gut abschlagen. Fünfzehn Minuten ruhen lassen.

Massa para sonhos

12 EL Mehl, 1 EL Butter, 4 Eier, Salz, Wasser

Mürbeteig

Mehl, Butter, Salz, Wasser verkneten. Der Teig darf nicht zu weich sein. Ausrollen, zusammenfalten, wieder ausrollen. Diese Arbeit mehrfach wiederholen. Den zusammengerollten Teig einige Zeit ruhen lassen.

Massa tenra

125 g Mehl, 1 EL Butter, Salz, Wasser

Weinteig

Mehl mit einer Prise Salz mischen, zwei Eigelb einrühren. Nur so viel Wein zugeben, daß es ein ziemlich fester Teig wird. Einige Zeit ruhen lassen. Vor dem Gebrauch die beiden steif geschlagenen Eiweiß unterziehen.

Massa de vinhé

100 g Weizenmehl, 2 Eier, 3 EL Weißwein, Salz

Ausbackteig

Mehl mit einer Prise Salz und Pfeffer mischen, mit den Eiern und der Butter verrühren und so viel Wasser zufügen, daß es einen geschmeidigen Teig ergibt.

Massa de frigir

125 g Mehl, 2 Eier, 2 EL Butter, Salz, Pfeffer, Wasser

Leça-Biskuits

Eiweiß schaumig schlagen und mit Zucker gut vermischen. Butter weich rühren und mit dem Zuckerschaum zehn Minuten schlagen. Nach und nach das Mehl unterziehen. Den Teig so lange kneten, bis er nicht mehr an den Händen klebt. 1 cm dick ausrollen und runde Plätzchen ausstecken. Kleine runde Kuchenförmchen mit Butter ausstreichen, mit Mehl überpudern, die Teigplätzchen hineingeben, und die Biskuits im mäßig heißen Ofen backen. Mit Zucker bestreuen.

Biscoitos de Leça

200 g Mehl, 100 g Zucker, 100 g Butter, 1 Eiweiß

Biskuitkuchen aus Ovar

Zwei ganze Eier und sechs Eigelb mit Zucker schaumig schlagen, bis die Masse fast weiß ist. Nach und nach Mehl, mit einer Prise Salz vermischt, unterziehen. Eine runde, mit gebuttertem Papier ausgelegte Kuchenform halb voll füllen, bei mäßiger Hitze backen. Den Kuchen mit einem Papier überdecken, sobald er braun wird. Abkühlen lassen und aus dem Papier nehmen.

Pão de ló de Ovar

125 g Zucker, 8 Eier,
75 g feines Weizenmehl, Salz, Butter zum Ausstreichen der Form

Himmelsschinken

Mandeln überbrühen, abziehen, trocknen, zerreiben. Zucker mit einem Löffel Wasser bei kleiner Hitze unter Rühren zergehen lassen, bis er kleine Bläschen zeigt. Den Topf vom Feuer nehmen, die Mandeln zugeben, noch einige Minuten kochen lassen. Eier und Eiweiß schlagen und zur abgekühlten Zuckermasse geben. Das Mehl vorsichtig unterziehen. Den Topf wieder aufs Feuer stellen, bis sich die Masse verdickt hat. In eine gut ausgefettete Kastenform füllen, bei mittlerer Hitze backen. Noch warm mit Zucker bestreuen.

Touçinho do céu

500 g Zucker, 250 g Mandeln, 6 Eigelb,
3 Eiweiß, 50 g Weizenmehl

Mandelküchlein

Zucker anfeuchten, mit einem Stückchen Zimtrinde und einer Zitronenschale kochen, bis er breit vom Löffel läuft. Butter einrühren, vom Feuer nehmen, abkühlen lassen. Zimtrinde und Zitronenschale aus dem Zucker nehmen. Erst die feingeriebenen Mandeln, dann die verrührten Eier unterziehen. Kleine gebutterte Förmchen halbvoll mit der Masse füllen, im warmen Ofen backen.

Queijinhos de amêndoa

250 g Zucker, 60 g geschälte Mandeln,
6 Eier, 1 EL Butter, Zimtrinde,
Zitronenschale

Zimt-Mandel-Torte

Eine Tortenform mit portugiesischem Blätterteig gut auslegen und den Teig dick mit einer Fruchtmarmelade bestreichen. Mandeln brühen, schälen, trocknen und fein zerreiben. Mit Zimtzucker mischen und den Schnee von acht Eiern unterziehen. Diese Masse auf die Fruchtmarmelade geben und die Torte im heißen Ofen abbacken.

Torta de canela e amêndoa

Portugiesischer Blätterteig
(siehe Seite 122), 250 g geschälte Mandeln, 250 g Zucker, 8 Eiweiß,
1 TL Zimt, Pflaumenmarmelade oder eine andere Fruchtmarmelade

Suspiros de nozes

100 g ausgeschälte Walnüsse, 200 g Puderzucker, 2 Eiweiß, Butter

Nuß-Seufzer (Makronen)

Nüsse mit siedendem Wasser übergießen, von der Haut befreien, trocknen und fein reiben. Das sehr steif geschlagene Eiweiß mit dem Zucker mischen und weiter schlagen, bis es eine feste Masse wird. Die Nüsse untermischen, mit dem Löffel nußgroße Häufchen auf ein gebuttertes Blech geben. Im mäßig warmen Ofen mehr trocknen als backen lassen.

Arrufadinhas de Coimbra

1 kg Mehl, 250 g Zucker, 25 g Hefe, 100 g Butter, 5 Eier, Milch

Hefegebäck, wie man es in Coimbra backt

Mehl, Zucker, Eier und 25 g in zwei Eßlöffeln warmen Wassers aufgelöste Hefe zusammenrühren und so viel lauwarme Milch zugeben, daß der Teig geschmeidig, aber noch fest ist. 100 g weich gerührte Butter untermischen, den Teig gut abschlagen, mit einem Tuch zudecken und an einem warmen Ort gehen lassen. Kleine runde Kuchen formen, nochmals zugedeckt ruhen lassen, bis sie fast das Doppelte ihres Volumens erreicht haben. Mit Eigelb bestreichen und auf gebuttertem, bemehlten Blech bei guter Mittelhitze backen.

Pãesinhos de S. João

3 Eier, 2 EL Zucker, 18 EL Weizenmehl, Salz, 1 TL Backpulver, Butter, Wasser

Johannisbrötchen

Mehl und Backpulver sieben, mit einer Prise Salz und dem Zucker mischen, nach und nach die Eier unterziehen und mit ein wenig Wasser zu einem geschmeidigen Teig verkneten. Kleine Brötchen formen. Auf gebuttertem Blech im heißen Ofen backen. Die noch heißen Brötchen aufschneiden, mit Butter bestreichen, wieder zuklappen und ganz warm servieren.

Diese Brötchen werden in der Johannisnacht gegessen.

Batatada

1 kg Süßkartoffeln, 1 kg Zucker, evtl. etwas mehr oder weniger

Marmelade von Süßkartoffeln

Süßkartoffeln waschen, abkochen, abpellen, noch heiß durch ein feines Sieb drücken. Die gleiche Menge Zucker bis zum Breitlauf kochen. Die Kartoffelmasse unter ständigem Rühren in den Zucker geben, kochen lassen und weiter rühren, bis sich die Masse vom Boden löst. Die Batatada in kleine Förmchen füllen.

100 g Zucker kochen bis er Bläschen wirft. Das Kartoffelmus mit diesem Sirup übergießen und die Förmchen bis zum Gebrauch mit Pergamentpapier verschließen. Zum Mokka servieren.

Träume (Brandteig-Krapfen)

Ein Glas Wasser mit einer Prise Salz und einem Eßlöffel Butter zum Kochen bringen, Mehl einschütten und rühren, bis sich die Masse vom Boden löst. Abseits vom Feuer nach und nach vier Eier unterziehen und schlagen, bis die Masse abgekühlt ist. Öl oder Schmalz zum Kochen bringen, mit einem Löffel Teigklößchen abstechen und in dem schwach siedenden Fett braun backen. Abtropfen lassen und noch warm servieren.

Die Sonhos, die ein beliebtes ländliches Gebäck sind, werden mit einer Zuckersauce gereicht, die man über das Backwerk gießt:
Zucker in 1 1/2 Glas siedendem Wasser auflösen, ein Stückchen Zimtrinde, Apfelsinen- und Zitronenschale (ohne das Weiße) fünfzehn Minuten mitkochen lassen. Die Schalen herausnehmen. Die Sauce kalt reichen.

Sonhos

180 g Mehl, 1 EL Butter, 4 Eier, Salz, Olivenöl oder Schmalz zum Ausbacken, Wasser

Zuckersauce:
1/2 kg Zucker, Zimtrinde, Apfelsinen- und Zitropnenschale, Wasser

Reiskuchen

Butter und Zucker schaumig rühren, nach und nach drei Eigelb zugeben, den Schnee von drei Eiern und zuletzt das mit dem Backpulver gesiebte Reismehl. Kleine gebutterte Förmchen halbvoll mit der Masse füllen, bei mäßiger Hitze backen.
Diese kleinen Kuchen sind sehr beliebt, man ißt sie zu allen Tageszeiten, zum Tässchen Kaffee, ja oftmals statt der morgendlichen Semmel.

Bolos de arroz

3 Eier, 50 g Butter, 50 g Zucker, 50 g Reismehl, 1 TL Backpulver

Portugiesischer Königskuchen

Hefe mit einer Prise Zucker, etwas lauwarmer Milch und 100 g durchgesiebtem Mehl in einer angewärmten Schüssel anrühren. Diesen Vorteig, mit Mehl bestäubt und mit einer Serviette zugedeckt, an einem warmen Ort aufgehen lassen. Die geschlagenen Eier mit Zucker und geschmolzener Butter verrühren, mit dem Vorteig vermengen und nach und nach das mit ein paar Körnchen Salz gesiebte Mehl unterziehen. Den Teig schlagen, bis er sich vom Löffel und Schüsselrand löst.
Die bemehlten Rosinen, zerschnittenen Früchte, ausgekernten Nüsse, Mandeln und Pinienkerne in den Teig einarbeiten. Den Teig in eine Serviette hüllen und an einem warmen Ort ca. vier Stunden gehen lassen. Einen Kranz daraus formen und eine weiße Bohne sowie ein kleines Geschenk im Teig verstecken. Den Kranz mit Früchten und Nüssen verzieren und nochmals kurze Zeit gehen lassen. Vor dem Backen mit zerschlagenem Ei bestreichen und mit Zuckerbröckchen belegen. Im mäßig heißen Ofen eine Stunde backen.

Bolo rei

500 g Weizenmehl, 100 g Zucker, 100 g Butter, 3 Eier, 50 g Hefe, 175 g kandierte Früchte und Rosinen oder Rosinen und Zitronat, 50 g Walnüsse, 50 g Mandeln und 20 g Pinienkerne, 1 Gläschen Brantwein, Cognac oder Rum, Milch

Broas de avózinha

100 g Weizenmehl, 125 g gesiebtes Maismehl, 250 g Honig, 250 g dunklen Zucker, einige Körnchen Anis, 1/2 TL Zimt, 100 g abgezogene Nüsse, 125 g abgezogene Mandeln, 1/4 l Olivenöl, Salz, Puderzucker

Großmutters Honigküchlein

Honig, Zucker und Olivenöl zum Kochen bringen, Zimt, Anis, geriebene oder gehackte Nüsse und Mandeln dazugeben. Maismehl, Weizenmehl mit einer Prise Salz durchsieben und in den heißen Honig einrühren. So lange rühren, bis sich die Masse vom Boden löst. Den abgekühlten Teig ausrollen. Mit der Hand kleine mandelförmige Küchlein formen, die auf gebuttertem Blech in mäßig heißem Ofen gebacken werden. Nach dem Erkalten mit Puderzucker bestreuen.

Conservas de ginjas em aguardente

Schattenmorellen, Zucker, Weinbrand

Schattenmorellen in Branntwein

Feste und nicht sehr reife Schattenmorellen (Sauerkirschen) waschen, die Stengel bis auf 1 cm abschneiden. In weithalsige Flaschen eine Lage Zucker geben, hierauf mit Kirschen füllen und so viel Branntwein aufgießen, daß die Früchte gut bedeckt sind. Zukorken und sechs Monate stehen lassen.
Diese Früchte werden in Portugal in kleinen Glas-Schälchen nach dem Essen gereicht. Man gießt etwas Saft auf und streut Zucker darüber.

Marmelada vermelha

1 kg abgeschälte Quitten, 1 kg Zucker, Wasser

Quittenbrot

Abgeschälte Quitten entkernen, in Viertel schneiden, knapp mit Wasser bedeckt, weich kochen und durch einen Durchschlag rühren. Das gleiche Gewicht an Zucker mit etwas Wasser anfeuchten, aufkochen und rühren, bis der Zucker eindickt. Quittenmus und Zucker vermischen. Unter stetigem Rühren kochen, bis die Quittenmasse sehr fest geworden ist, dann auf einem gebutterten Backblech fingerdick ausstreichen, trocknen lassen.
Nach einigen Tagen kleine Vierecke ausschneiden und die Stückchen in Pergamentpapier einwickeln.

Die Rezepte sind, wenn nicht anders vermerkt, für vier Personen berechnet.

1 Glas entspricht etwa	200 g Zucker
	100 g Mehl
	100 g gemahlener Mandeln
	100 g Puderzucker

1 Tasse entspricht etwa	125 g Reis
oder	2,5 dl oder 1/4 l Flüssigkeit

Andere regelmäßig genannte Maße

EL	= Eßlöffel
TL	= Teelöffel
eine Handvoll	= eine großzügige Dosierung nach eigenem Gutdünken

Verzeichnis der Abbildungen

Register deutsch

Register portugiesisch

Maria von Treskow

Berliner Kochbuch

Aus alten Familienrezepten

143 Seiten mit 33 Fotos von 1880-1915. Format 23,5 x 23 cm. Pappband.

Maria von Treskow, geboren in Westend/Charlottenburg, lebte bis 1944 in Berlin. Aus der Rezeptsammlung ihrer Urgroßmutter hat Maria von Treskow ein Kochbuch zusammengestellt, das von einfacher Hausmannskost bis hin zu Lieblingsgerichten an Fest- und Feiertagen, von unverfälschten Originalitäten aus Berliner Budiken bis zur Weihnachtsgans und Weihnachtsbäckerei authentisch alle Variationen Berliner Kochkunst umfaßt.
In einem „Berliner Präludium“ über die Küche am Preußischen Hof wird ein Blick auf die Tafel Friedrich Wilhelm I. und Friedrich des Großen geworfen. Schon zur Zeit des Preußenkönigs wurde am Hof streng darauf geachtet, daß alle Zutaten aus preußischen Domänen stammten, entsprechend auch heute eine Forderung der Nouvelle Cuisine. In etwa 130 Rezepten für Suppen, Saucen, Fisch- und Fleischgerichten, Gemüse, Salate, Kompott, Süßspeisen, Kuchen und Gebäck entfaltet sich die Vielfalt der Berliner Küche. Doch ist es nicht nur Reminiszenz an die gute und schmackhafte Küche der Großmutter, sondern nachvollziehbare originale Berliner Küche. Dazu als Zugabe eine besondere Delikatesse: einige Rezepte vom Preußischen Hof. Sowohl die „Ersten Adressen“ für Feinkost, Konditorei- und Backwaren als auch ein Marktkalender, der in den kulinarischen Jahresablauf einer Berliner Küche um 1900 einführt, fehlen in diesem echten Berliner Kochbuch nicht.
Historische Fotos aus dem Berlin um die Jahrhundertwende fügen sich harmonisch zwischen den Rezepten ein.

Im gleichen Format sind bisher im Kunstverlag Weingarten erschienen:

André Dominé

Die Kunst des Aperitif

Rezepte, Getränke, Philosophie mit Bildern von Bettina Kreßlein
180 Seiten mit 39 farbigen Abbildungen. Leinen.

Der Frankreich- und Weinspezialist André Dominé macht auf unterhaltsame Art mit allen Aspekten des Aperitif bekannt und leitet dazu an, diese sympathische Form gesellschaftlicher Begegnung mit allem, was dazugehört, zu praktizieren.
Er stellt die geeignetsten Aperitifgetränke, ihre Herkunft und Herstellung vor und gibt Tips für spritzige Cocktails, exotische Punchs und hausgemachte Aperitifs.
Zahlreiche Rezepte bieten darüberhinaus eine umfassende Auswahl an appetitanregenden Knabbereien und würzigen Leckerbissen. Bettina Kreßlein beschwört in ihren lichten Bildern die ansprechende Atmosphäre des Aperitif.

Elisabeth und Tassos Kitsakis

Zu Gast in Griechenland

Die Spezialitäten der griechischen Küche
131 Seiten mit 73 Abbildungen, davon 51 Farbfotos, Pappband.

Griechenlands Küche ist eine der ältesten der Welt. Viele der klassischen Zubereitungsarten haben sich bis heute erhalten. Elisabeth und Tassos Kitsakis sammelten in Griechenland die traditionellen Rezepte, die in den Familien heute noch angewandt werden.

Wjatscheslaw Michajlowitsch Kowalew/Nikolaj Petrowitsch Mogilni

Zu Gast in Rußland

Eine kulinarische Reise, mit Bildern von Andrej Petrowitsch Onischtschuk
Übersetzung aus dem Russischen von Nikolaj P. Mogilni
192 Seiten mit 42 farbigen und 8 einfarbigen Abbildungen. Leinen.

Für diesen Reisebegleiter durch Rußlands Küche wurden eigens 340 originale alte und neue Rezepte zusammengestellt. Vor jeder Gruppe der verschiedenen Gerichte wird die Geschichte eines Nahrungsmittels und seine Verwendung in der russischen Küche dargestellt.
Vielfältige Bezüge zu Sitten und Bräuchen, zu Volksmärchen und Sagen, zu kulturellem und religiösem Brauchtum werden sichtbar. Die gelungenen Aquarelle dazu schuf der russische Künstler Andrej. P. Onischtschuk.

Monique Lichtner

La cuisine provençale

mit Bildern von Werner Lichtner-Aix
191 Seiten mit 41 farbigen und 4 einfarbigen Abbildungen, Leinen.

Monique Lichtner hat während vieler Jahre bei zahlreichen alteingesessenen Familien manches Vergessene der provençalischen Küche wieder entdeckt. In 230 Rezepten von Spezialitäten und traditionellen Gerichten gibt sie originale Geheimnisse provençalischer Kochkunst preis.

Monique Lichtner

Knoblauch, Kräuter und Oliven

Spezialitäten der provençalischen Küche mit Bildern von Werner Lichtner-Aix
175 Seiten mit 35 farbigen Abbildungen, Leinen.

Das Licht und die Düfte der Provence, eingefangen in 35 Aquarellen und mehr als 200 Spezialitätenrezepten. Durch Suppen, Vorspeisen, Fisch- und Fleischhauptmahlzeiten, erlesene Gemüse und Salate, Saucen, aber auch durch selbsthergestellte Kräuterliköre, Senf und Essig gelangt die aromatische Küche des Mittelmeerraumes voll zur Entfaltung.

Jacques Médecin

Die Küche von Nizza

Traditionelle Kochrezepte der Grafschaft Nizza
216 Seiten mit 36 farbigen Aquarellen, Leinen.

Nizza, die Perle des Mittelmeeres, hat bis heute die Tradition seiner Kochkunst bewahrt. Jacques Médecin bringt in über 300 Rezepten die Lebenskunst, Tradition von Gastfreundschaft und Glück zum Ausdruck. Die Gaumenfreuden werden ergänzt durch Aquarelle des in Nizza lebenden Künstlers Saorge.

Heidi-Meyer-Küng (Hrsg.)

Die große Küche Italiens

Meisterrezepte der besten Restaurants zwischen Piemont und Sizilien
Mit einer Einleitung von Massimo Alberini
168 Seiten mit 24 Farbfotos von Peter Meyer und 8 einfarbigen Abbildungen, Pappband.

170 Meisterrezepte der besten Restaurants zwischen Piemont und Sizilien und 24 ausgewählte Farbfotos italienischer Landschaften und Gastronomie, das sind die „Zutaten“ für dieses außergewöhnliche Kochbuch. Massimo Alberini, der Kenner der italienischen Küche, schrieb die einleitenden Texte zu den vielseitigen, bis dahin gehüteten „Erfolgsrezepten“ ausgezeichneter italienischer Restaurants.

Jutta Radel

Zu Gast in Israel

Eine kulinarische Reise. Jüdische und orientalische Spezialitäten, originelle Rezepte, alte und neue Eßgewohnheiten. Mit Bildern von Dan Rubinstein
198 Seiten mit 37 farbigen und 11 einfarbigen Abbildungen, Leinen.

Israels Küche ist so international wie seine Bewohner. Jutta Radel führt in einer kulinarischen Reise durch das Land, in dem sich alte und neue Zeit ständig begegnen. In rund 240 Rezepten entfaltet sich die Küche des Abendlandes und des Orients zugleich. Die Vielfalt israelischer Landschaft und der Menschen wird in den Aquarellen des israelischen Künstlers Dan Rubinstein eingefangen.

Wang Yanrong (Hrsg.)

Kochkunst in China

mit Tuschmalereien von Li Shiji und Chen Ting
Vorwort von Erika Schödel. Aus dem Chinesischen von Mai Zhanxiong in Zusammenarbeit mit Kathe Dschao. 160 Seiten mit 32 farbigen Tuschmalereien, 23 Zeichnungen und 4 Farbfotos, Leinen.

Ein echtes chinesisches Kochbuch, für das sämtliche Texte und Abbildungen in China entstanden. Die original chinesische Küche entfaltet sich in mehr als 120 Rezepten einfacher wie exquisiter Gerichte. „Kochkunst in China" vermittelt die einmalige Kunst der Vorbereitung von Zutaten und der Zubereitung typischer Gerichte. Die Koch- und Zubereitungsmethoden einschließlich der Schneidkunst als wesentlicher Teil chinesischer Kochkunst werden detailliert in Wort und Bild beschrieben.